京都の通りを歩いて愉しむ

〈通《つう》〉が愛する美味・路地・古刹まで

柏井 壽
Kashiwai Hisashi

PHP新書

はじめに

京都だけではなく、日本中、世界中どこにでも通りはあります。

よく名前の知られた広い通りもあれば、名前も付いていないような細い通りもあります。

いっぽうで地名、もしくは住所というものもありますね。行政区や町名、何丁目何番地などと細かく決められていて、場所を特定するのにはたいていこの地名や住所が使われます。

ところが京都市内の中心部では地名でその場所を特定するのではなく、通りの名前を使って言い表すのが一般的なのです。

たとえば、創業から五百五十年以上の歴史を誇る老舗《しにせ》中の老舗のお蕎麦屋さんを訪ねようとして、その地名である京都市中京区仁王門突抜町三二二番地、と言っても、それがどの辺りなのか、たいていの京都人にはピンと来ません。

ところが店の在り処《あか》を通りの名前で、車屋町通二条下ると言えば、京都人なら誰でもすぐそれが『本家尾張屋本店』のことだと分かるのです。

西安の都に倣《なら》って条坊制を採りいれた平安京の通りは、今もその多くが残されています。その結果、俗に碁盤《ごばん》の目と呼ばれるように、南北と東西の通りが縦横に整然と並び、縦と横の通り名を組み合わせれば、簡単に場所が特定できるというわけです。

そしてもうひとつ。通りの名前はただの記号ではないというのも、京都の大きな特徴だろうと思います。引き合いに出して申しわけないのですが、同じような碁盤の目の街として札幌が挙げられます。札幌も京都とおなじく、通りの組み合わせや通りが交わる交差点で場所を特定しますが、それらは東西南北と数字の組み合わせだけなのです。

京都の通りは、一条、二条などの数字がついたものもありますが、通りの名前に歴史的な背景が存在しているケースも少なくありません。つまり、通りを歩けば歴史が見えてくるのです。京都の本当の魅力を知るためには、通りごとに歩いてみるのが一番です。

京都・通り歩きの愉しみ

しかしながら、街は常に変化しています。とりわけ周辺部は時を経るごとに、衰退と隆盛を繰り返し、それにつれて通りも大きく変貌し、途中で消滅してしまったり、また復活したりと、迷い道になっているところも少なくありません。

本書は、市内中心部から一時間程度で歩ける範囲で通りやお店をご紹介しています。それには、こうしたわけがあります。そして何より、ふらりと歩いていただきたいので、どんな名店であっても予約が必須だったり、店に入るのに勇気が要ったりするような、ハードルの高いお店は除外しています。ふと目に付いた店に入って、お茶や食事を愉しみ、お土産を買う。そんな「通り歩きの愉しさ」を念頭に解説しています。

そんな観点から通り歩きをご紹介するとなると、中心部の限られたエリアになってしまいますが、そこはまた京都の人々が、子どものころから慣れ親しみ、口ずさんできた「通りうた」に出てくる通りに一致します。

京都に住む者は必ず口ずさめる、通りの名をうたったわらべ歌。次ページに、その歌詞を紹介します。

京都の通り・東西の通りうた

丸《まる》竹《たけ》夷《えびす》二《に》押《おし》御《お》池《いけ》
姉《あね》三《さん》六角《ろっかく》蛸《たこ》錦《にしき》
四《し》綾《あや》仏《ぶっ》高《たか》松《まつ》万《まん》五《ご》条《じょう》
雪駄《せきだ》ちゃらちゃら魚《うお》の棚《たな》
六《ろく》条《じょう》三《さん》哲《てつ》通《とお》りすぎ
七条《ひっちょう》こえれば八《はち》九《く》条《じょう》
十《じゅう》条《じょう》東《とう》寺《じ》でとどめさす

本書で紹介している通り

通りうたの3つの謎

まーるたけえびすにおしおいけ。あねさんろっかくたこにしき。

「丸竹夷二押御池」から、京都の通りうたははじまります。はじまりが丸、というのも偶然のことでしょうが、なかなか縁起がいいですね。

でも、少し不思議に思いませんか。なぜ歌は丸太町からはじまっているのでしょう。平安京の北の端は一条大路ですから、一条通からはじまってもおかしくありません。おとなになってから、その謎に気付きました。

今の一条通は烏丸通からはじまっていますが、そこから東は京都御苑です。きっとそれを避けたのでしょう。

通りうたが丸太町通からはじまっているのは、畏《おそ》れ多い京都御苑を避けたからかもしれません。

そしてもうひとつの謎。それは五条通以南の通りがあいまいなことです。

いちおう歌は五条通から南も続いているのですが、抜け落ちた通りがあったり、実際にある通りとは順番が入れ替わっていたりと、通り歩きには役立たないばかりか、かえって混乱してしまいそうなのです。

そこで本書では、思いきって丸太町通から五条通までに絞り込んで、通り歩きの紹介をすることにしました。

唯一の例外として、正面通を取り上げます。

なぜなら、とても重要な意味を持つ通りなのに、通りうたから抜け落ちてしまっているからなのです。ある意味で、正面通は京都の通り歩きの醍醐《だいごみ》味を最もよく味わえる通りなのに、なぜ飛ばしてしまったのか。これが、通りうた第三の謎です。

本書を携え、ところどころ寄り道をしながら、丸太町通から五条通まで、そして正面通を歩いてみてください。

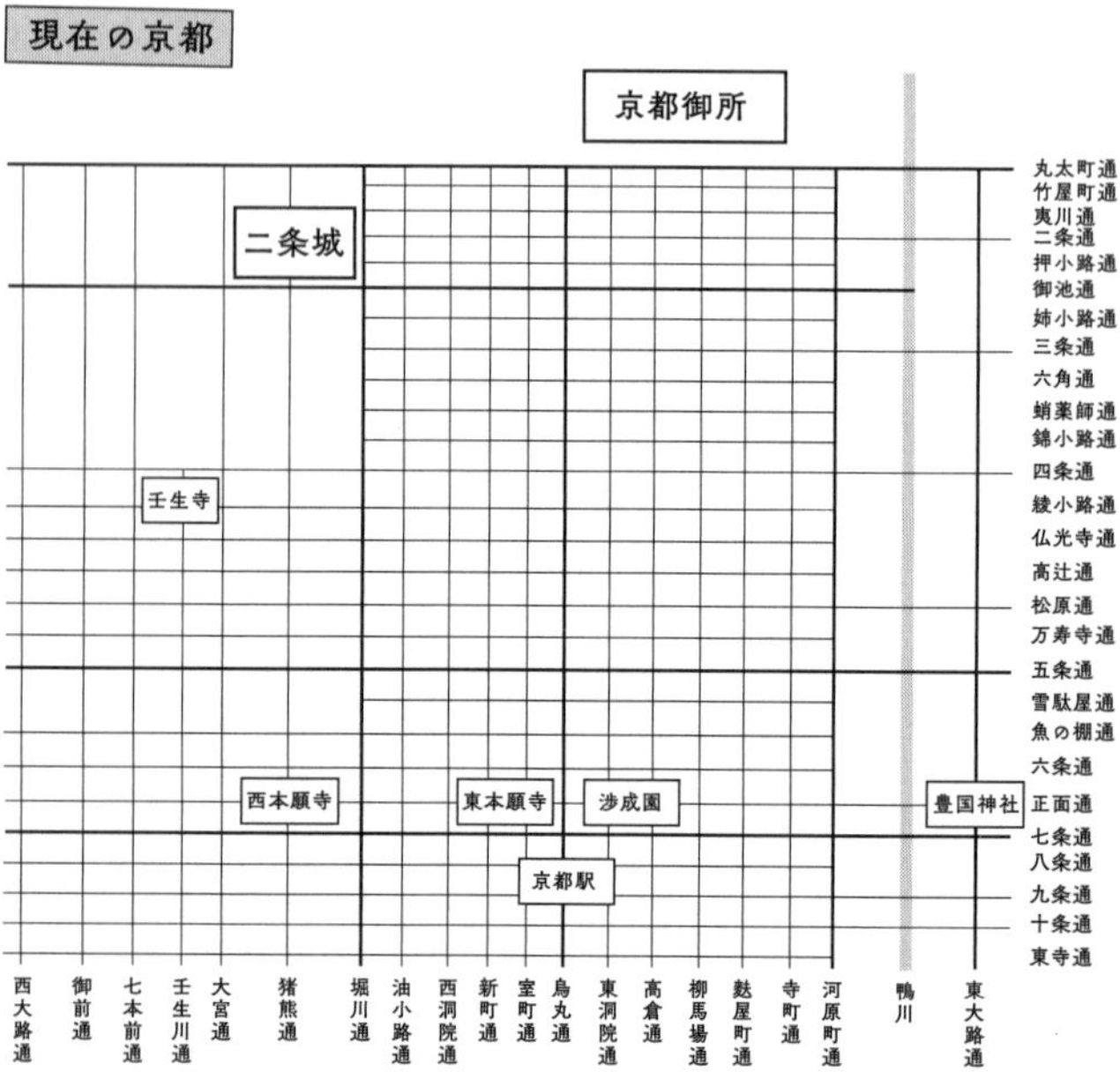

現在の京都市内中心部を簡略化した地図。実際には途中で通りが途切れたり、蛇行しているところもある。

東と西　左京と右京

本書では、通り歩きをはじめるにあたって、ひとつ決めごとをします。必ず東の端から歩きはじめる、ということです。

それは平安京に倣ってのことです。

平安京は朱雀《すざく》大路を中心にして、東側の左京と西側の右京に分けて造営されましたが、左京が徐々に発展していくのに比べて、右京は衰退の一途をたどりました。

当時の流れと今では少し違っていますが、平安京は鴨川より西に作ら

平安京時代の京都

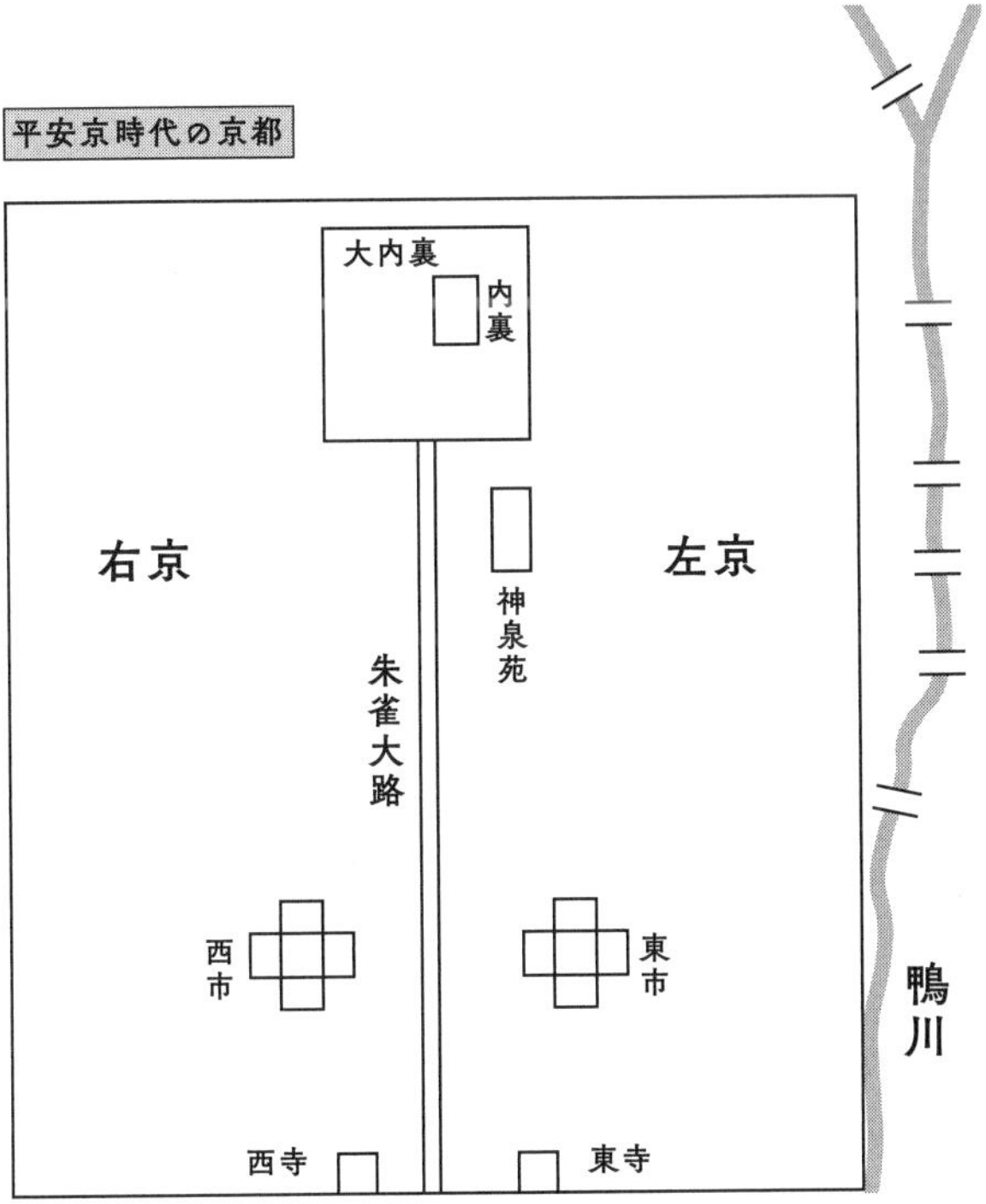

れていて、つまりは東の端は鴨川辺りだったのです。平安京以降も左京は発展を続け、やがて鴨川を越えて街が開けていきます。

そして西の端は今の西京極通辺りです。今でこそ西京極通を越えて京都市が広がっていますが、いっときは廃墟のようになっていたといいます。

ところで地図で見ると右に左京があり、左に右京があることを、おかしいと思われませんか。これは古い中国の易思想に倣ったことで、風水にも関係があります。

―天子は南面す―

そう言われているそうです。日本では、天子は天皇と解釈すればいいでしょう。大内裏《だいだいり》におわします天皇が南を向いて座ると、左が東、右が西になります。そこから東側を左京、西側を右京と呼ぶようになったのです。

そして右京のほうは水はけが悪く、作物も育ちにくいし、何より住みにくい。ということから衰退していったというのが通説になっています。

したがって、東から西へ通りを歩いていっても、東のほうは見どころも多くありますが、西へ進むにしたがって、見るべきものが徐々に減っていき、ついには何もない通りになってしまいます。

いくつかの通りを例外として、本書では西の端まで歩き通さないのも、そんなわけがあるからです。健康のために歩くのなら、東の端から西の端まで踏破されるのもいいと思いますが、通り歩きを愉しむなら、途中で歩みを止めるのがいいでしょう。あくまで僕個人の感想ではありますが、そんな目安もご紹介します。

また、無理をして歩き通さない、ということも大切です。

東から歩きはじめて、たとえ通り半ばであっても、先を歩く興味を失ったところで足を止める。このふたつを念頭に置いて、通り歩きをはじめましょう。

・本書内の価格は、二〇一九年二月当時のものです。
・通り上部の地図は実際の通りを簡略化して示したものであり、縮尺や正確な位置などはこの限りではありません。通り歩きの目安としてご覧ください。

京都の通りを歩いて愉しむ◆目次

第一部　丸太町通から御池通まで
～丸・竹・夷・二・押・御池～

二条通　43

押小路通　49

御池通　57

Column　京都の朝ご飯を愉しむ　68

第二部　姉小路通から錦小路通まで
～姉・三・六角・蛸・錦～

番外編・正面通

第一部　丸太町通から御池通まで

〜丸・竹・夷・二・押・御池〜

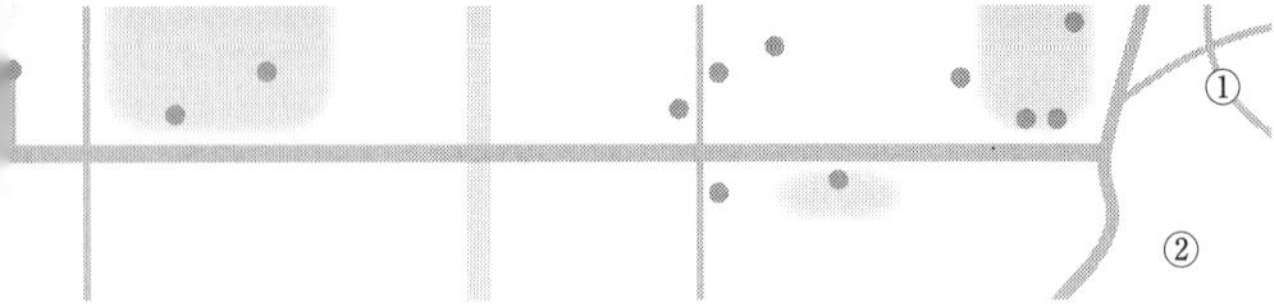

丸《まる》太《た》町《まち》通《どおり》

最初は丸太町通です。丸太というくらいですから、当然のように木材と深いつながりがあるのですが、その名の由来には、どうやらふたつの説があるようです。

ひとつは、〈洛中洛外図〉にも描かれているように、かつて堀川丸太町の近くにあった丸太業者の集落から、その名が付いたという説。江戸時代の地図には丸田町と記されているものもあるようです。おそらくは京都御所に近いせいもあって、この通りの近辺にはお屋敷が建ち並び、木材の需要が多い地域だったのでしょう。

丸太町通の南の筋は竹屋町通です。すなわち竹屋が多く集まっていたから付いた名でしょうから、しごく分かりやすいですね。竹材も屋敷には欠かせない建築材料ですから。

もうひとつの説は、鴨川に架かる橋を架けかえるときに、周辺に住む人々が丸太を寄

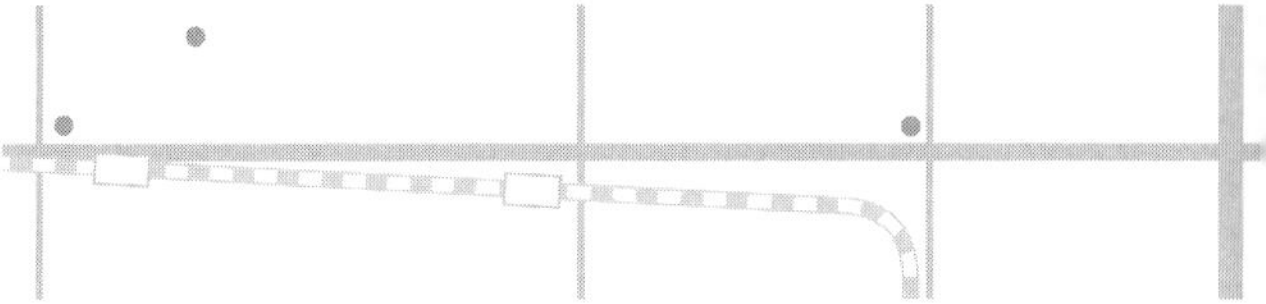

進し、それによってできた橋のある町だから丸太町、という話です。

どちらが正しいのかは分かりませんが、京都の通りや町の名に、同業者が集まることから名付けた例が多いところをみると、前者が正しいような気がします。

その丸太町通は、平安京が定められたときには春日小路と呼ばれていました。

余談になりますが、僕が小学二年生まで通っていたのは〈春日小学校〉でした。河原町丸太町の西北角にあったのですが、今は廃校になっています。入学式のときに、校長先生が、なぜ春日の名が付いているかをお話しされました。ですから春日小路という名前は小学生のころから知っていました。

東の起点は東山のふもとにある南北の通り鹿ヶ谷通。西の終点は嵐山の嵯峨小学校辺りになります。直線距離にして、おおよそ一一キロほどもあるでしょうか。

端から端まで歩き通すとなると三時間以上は掛かりますから、一度に歩き通すには、それなりの覚悟が必要ですね。三分割して歩くのがいいかもしれませんし、最初に書いたように、途中で止めてもいいでしょう。

東の端から歩いてみましょうか。この近くには『哲学の道』①や名刹《めいさつ》『南禅寺』②なども

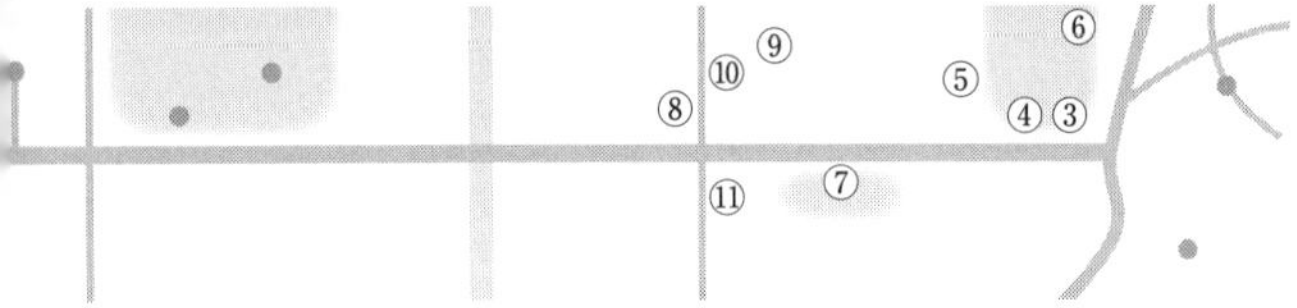

ありますから、寄り道には事欠きません。

岡崎から京都御苑へ

鹿ヶ谷通から歩きはじめ、天王町までくると、ここからはずっと広い通りになるので、北側と南側をうまく歩き分ける必要があります。

北側には『③岡崎神社』『④岡崎別院』、その北奥には『⑤金戒光明寺』、更には『⑥真如堂』へと見どころの多い寺社がたくさん建ち並んでいます。

いっぽうで南側は『⑦平安神宮』の裏側と接していて、こちらも見るべきものは少なくありません。この辺りだけで半日ほど掛かりそうですね。

更に西へ進むとやがて東大路通と交わり、その北西角には『⑧熊野神社』があります。そしてここに至る界隈《かいわい》は聖護院と呼ばれていて、もちろんそれは丸太町通よりも少しだけ北に建つ『⑨聖護院門跡』に由来しています。そしてその聖護院の名を広く知らしめているのが、京土産の王者として長く君臨している和菓子、八ッ橋です。

修学旅行生が必ず京土産にするといわれている八ッ橋は、独特の形状をした焼菓子で

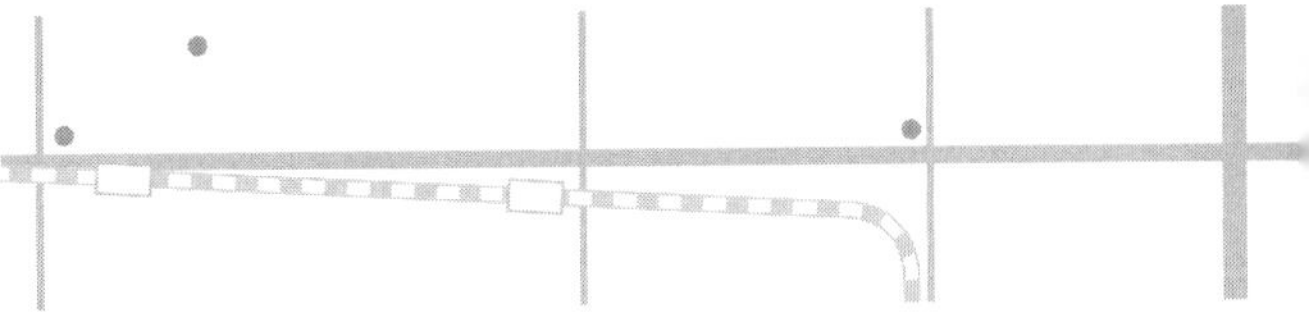

すが、いつのころからか、焼く前の生八ッ橋が人気となり、あんこを包んだお菓子のほうが目立つようになりました。

焼いたほうも、バリエーション豊富な生のほうも、ニッキの香りだけは今も昔も変わっていません。ただ、近年その発祥を巡ってお店どうしでいさかいが起こっているのは、残念なことです。

東大路丸太町の交差点近辺には何軒もの八ッ橋屋さんがあります。お好みによって選び分けてください。

この近辺での美味しいお店を二軒ご紹介しましょう。

一軒は東大路丸太町の交差点からひと筋北に上がった、東南角にある『[10]はふう聖護院』です。京都御苑の近くに本店がありますが、美味しいお肉が食べられる店として知られています。夜ならワインと一緒にコース料理を、お昼は手軽なランチがお値打ち価格で食べられます。

もう一軒は東大路丸太町の交差点から南へ下がり、ひと筋越えた辺りの東側にある『[11]聖護院嵐《らん》まる』。こちらは夜だけの営業ですが、居酒屋以上、割烹《かっぽう》未満といった感じの

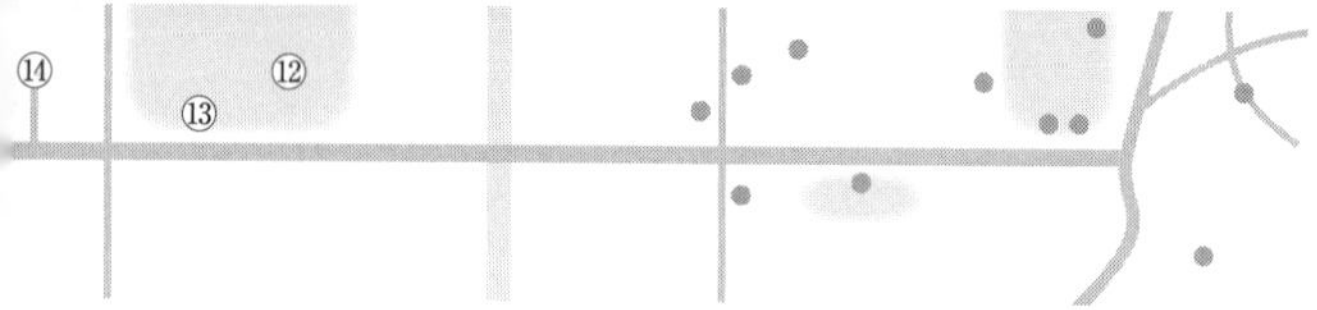

お店です。お魚、お肉、京野菜などの食材も揃い、和洋中様々な料理法で美味しい料理とお酒がリーズナブルな価格で愉しめます。なかでもお魚は、釣り好きの店主が自ら釣り上げたものが料理されますので、新鮮でバラエティ豊かな海鮮料理が味わえます。

東大路通から西へ向かって五〇〇ｍほど歩くと鴨川が見えてきます。

通り名の由来となったとも言われる丸太町橋を渡ると、すぐ河原町通と交わります。

更に西へ歩くと右手、北側に木々の緑が見えてきます。これが『京都御苑』⑫の外周です。

京都人が集《つど》う、もしくはそぞろ歩く場所は大きくふたつに分かれます。ひとつは鴨川。もうひとつがこの『京都御苑』。多くの京都人は親しみを込めて〈御所〉と呼びます。

京都の地図を開くと長方形の緑が真ん中にあるので、場所はすぐ分かりますね。その南側の横辺が丸太町通なのです。

堺町御門から『京都御苑』に入ってみましょう。

入ってすぐ左、西側へ続く細道をたどると、池が見えてきます。ここが九條池。九條家のお屋敷があったところです。池の中州には『厳島神社』[13]の鳥居が建っていて、御苑のなかとは思えない景色を見せてくれます。

この辺りは多くお公家さんのお屋敷が建ち並んでいたようで、その名残を見ることができます。閑院宮《かんいんのみや》邸跡、花山院邸跡などに立ち寄ってから丸太町通に戻りましょう。

烏丸丸太町の角からも見えますが、少し北に上がった西側に古い洋館が建っていいます。通称〈大丸ヴィラ〉と呼ばれるレンガ建ての洋館は「大丸」創始者の下村さんのお屋敷跡です。

丸太町通を更に西へ進むと〈府庁前〉の交差点に出ます。この少し北に『京都府庁』[14]があるのです。

丸太町通から突き当たりの『京都府庁』へと続く道は、京都でも異色の眺めを作っています。釜座通と呼ばれていますが、ふた筋の街路樹が車道を三つに分けていて、どこかしら異国の風景のようにも見えます。パリによく似ているという声をしばしば聞きますが、たしかにそんなハイカラな感じがします。

ここから西はあまり見どころがありません。一気に千本通まで行きます。

大極殿の跡から嵯峨へ

千本丸太町の西北角近くにある『恵明』[15]という中華料理屋さんでランチは如何でしょう。長く京都のホテルで腕を振るって来た料理人が近年新しく開いたお店です。リーズナブルな価格で、ホテル仕込みの本格中華料理が食べられます。

その前にひとつだけ旧跡を見ておきましょう。平安京の中心となった〈大極殿〉の跡地です。

千本丸太町の西北角からすぐ、北へと辿る細道の突き当たりに公園があります。石碑や看板が立っているだけですが、この辺りがかつての〈大極殿〉だったことを看板のイラストが教えてくれます。京の都の中心はこの界隈だった、ということに思いを馳せてみましょう。

西大路丸太町の交差点は昔から円町《えんまち》と呼ばれています。円《まる》い町だから穏やかな場所なのかと思えば、まったく話は逆です。

大内裏からもそう遠く離れていないこの辺りには囚獄がありました。罪人を閉じこめておくところですね。古くそういう場所を〈円土〉と呼んだことから、ここを円町と呼

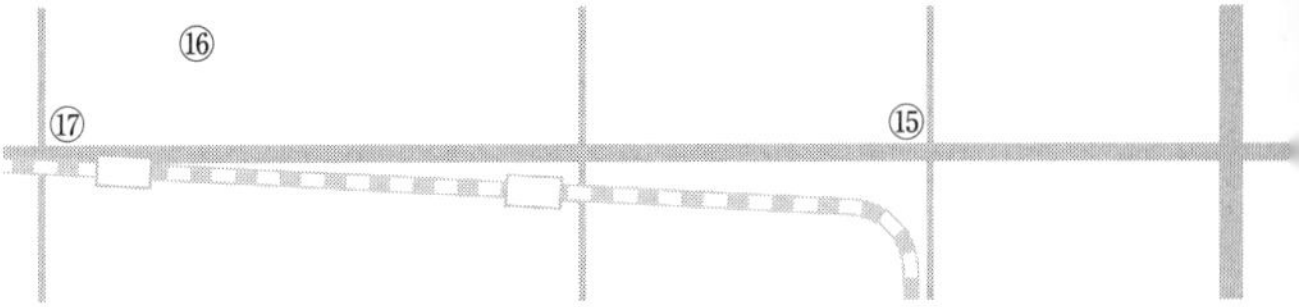

ぶようになったそうです。

そんなことも頭に置きつつ西へと進みますと、ここから先、雙《ならび》ヶ《が》岡《おか》あたりまではＪＲの山陰本線と丸太町通が並行して走ります。

『⑯妙心寺』『⑰法金剛院』など名だたる名刹が点在していますので、歩き甲斐のある界隈です。

丸太町通もそろそろ西の端に近づく辺りは嵯峨と呼ばれる地域です。ＪＲの山陰本線に嵯峨嵐山という駅があるくらいですから、嵯峨と嵐山はほぼ一体化しています。京都を代表する観光地のひとつですから、丸太町通にこだわることなく、北に南にと道を外れて寄り道するほうが愉しいでしょう。お寺を訪ね、和菓子屋さんで甘味をつまみ、雑貨屋さんでお土産を買う。通り歩きの醍醐味ですね。

竹《たけ》屋《や》町《まち》通《どおり》

通りうたに、まるたけえびす……とあるように、丸の次は竹。竹屋町通の名の由来は、どうやら竹屋さんが集まっていたからのようです。

竹は何に使ったかと言えば、多くは生垣《いけがき》でした。今も京都のあちこちに竹で編んだ生垣が見られますね。ブロック塀の上に縦割りにした竹を貼り付けたものも、料理屋さんの庭ではよく見かけますが、それとは少し趣《おもむ》きが違って、透けて見える竹垣はいかにも京都らしい空気を醸《かも》しだします。竹屋町通は、そんな竹垣を作るための竹を商う店が集まっていた通りです。

もちろん生垣だけではなかったでしょう。土壁の芯に使ったりもしましたが、竹箒《たけぼうき》だとか、竹籠やざるなどの生活用具として、竹は欠かせない材料でした。全長三キロにも及ぶ竹屋町通にははたして何軒の竹屋さんがあったのでしょう。

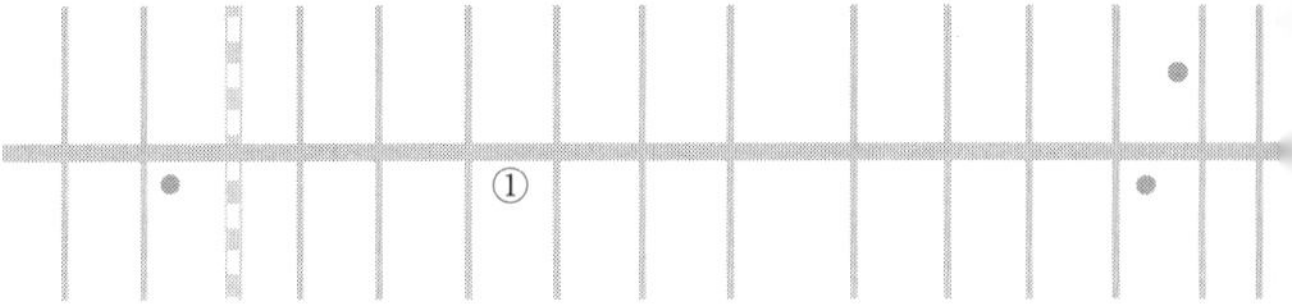

今ではそんな竹屋さんも、ほとんど姿を消してしまい、唯一の名残と言えるのが、竹屋町通の高倉を少し西に入った辺りにある漆器屋さんや、①『奥村神祭具製作所』です。その店先では、竹で作られた祭具を垣間見ることができます。

それもしかし、江戸時代になってからのことだろうと思います。それよりはるか以前、平安京のころは別の顔があったようです。

平安京の大炊《おおいの》御門《みかど》大路にあたるのが竹屋町通です。

日本のあちこちから送られてきた米穀の収納と、諸司への食料の供給をつかさどった役所があったことから〈大炊〉という名が付いたと思われます。つまり竹の前は米だったのですね。こうした時代の流れに思いを馳せるのも、通り歩きの愉しみのひとつです。お米を炊く匂いや、竹を焙《あぶ》る匂いが漂ってくるような気がしませんか。

東の端は②『平安神宮』の西側、桜馬場通。西の端は千本通まで、おおよそ三キロの長さですから一気に歩けますね。

残念ながら、東の端の桜馬場通から河原町通までは、目立った見どころもなく、歩いていてもさほど愉しくないので、パスしてもいいかと思います。

東から辿るなら、竹屋町通歩きは河原町通から歩きはじめるのがお奨めですが、少しばかり迷うことになります。と言うのも、丸太町通のすぐ南に竹屋町通がないからなのです。河原町丸太町から南に下ってひと筋目は竹屋町通ではありません。ふた筋目が竹屋町通なのです。事情があるのでしょうが少々ややこしいですね。混同を避けるなら、寺町通から歩きはじめたほうがいいかもしれません。

革堂と皮聖人

最初の見どころは、寺町通と竹屋町通が交わる辺りから少し南に下ったところに建つ[3]『革堂《こうどう》行願寺』です。ここは西国第十九番札所でもあります。天台宗のお寺で創建当時は一条通にあったそうです。

京都人には〈都七福神巡り〉の寿老人詣りで知られているお寺です。〈革堂〉という変わった名前が付いているのには、少しばかり哀しい由来があります。

このお寺を創建した行円上人は、仏の道に入る前、狩猟の仕事をしていました。とある日、山の中で雌鹿を射止めました。するとその傷口から小鹿が誕生したのです。射ら

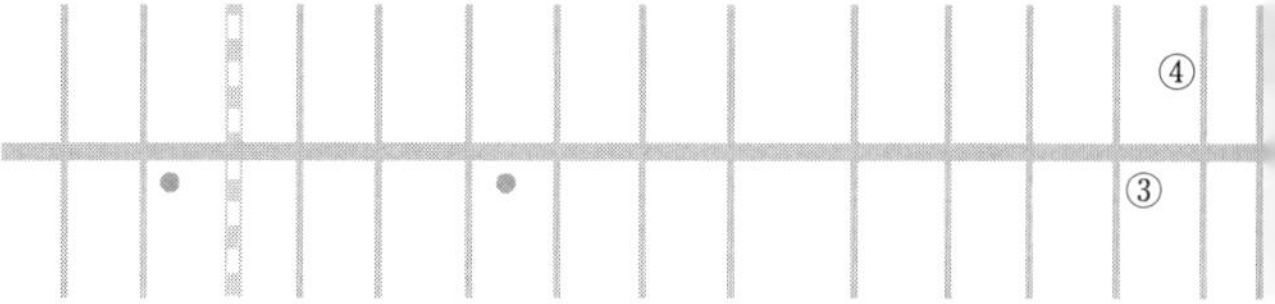

れた雌鹿は、血まみれの小鹿の体を舐め慈《いつく》しんでいたのですが、やがて力尽きて死んでしまいました。それを見ていた行円上人はそれまでの殺生を悔い、仏門に入ったというわけです。

行円上人は、供養を兼ねて死んだ雌鹿の革を常に身につけていました。それを見た衆生から〈皮聖〉〈皮聖人〉と呼ばれるようになり、『行願寺』を〈革堂〉と呼ぶようになりました。その行円上人が身に着けていた雌鹿の革衣は、今も『行願寺』に残っています。

ふたつの御霊神社

もうひとつの見どころは、竹屋町通のひと筋北、丸太町通とのあいだにある通りの東北角に建つ『下御霊神社』④です。

〈下〉と付いているのですから、当然〈上〉もあるのが京都の通例です。が、〈上御霊神社〉は「御霊神社」と呼ぶのが正しいようです。

私事で恐縮ですが、生家がこの近くでしたので、『下御霊神社』は子どものころの遊び場でした。また、この神社のお祭があるときは、参道とも言える寺町通にたくさんの露店が出るので、それを愉しみにしておりました。もちろん当時はこの神社の由緒など知るはずもなく、そののち家庭を持つようになって『上御霊神社』のすぐ近くに住まいを移してから『御霊神社』の何たるかを知り、上と下の両方に縁があることを不思議に思うようになった次第です。

昔は災害や疫病の流行が繰り返し起こると、その原因を亡くなった貴人の怨霊がもたらすものと考えました。そしてその御霊をお祀りすることで、災厄から護ってもらおうとし、御霊会を行なうようになったのです。

最初のころは京の街や郊外にそれぞれの御霊を祀っていましたが、それらをまとめて〈八所御霊〉としてお祀りするようになります。つまりは御霊の集合体ですね。それが『御霊神社』で、御所をはさんで北と南、上と下のふたつの神社が建てられたというわけです。

さて話を通り歩きに戻しましょう。

烏丸通を越えて西に歩くとすぐ左手、南側に昔ながらの洋菓子屋さんがあります。こ

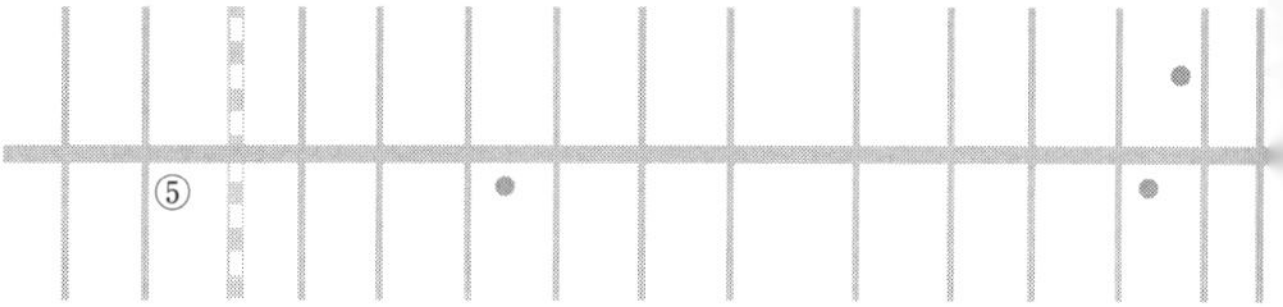

こが京都人御用達の『欧風堂』⑤。このお店のワッフルを食べたことがないという京都人は、はたしているでしょうか。そのくらいよく知られたお店です。

いささか乱立気味の京都のスイーツ業界ですが、流行に流されることなく、地味でクラシックな洋菓子を作り続けるお店は、地元でも一目置かれる存在です。

—なんやまた新しいケーキ屋はんができたみたいどすなぁ—
—そうらしおすな。いつまで続くや分からしまへんで—
—ほんまほんま。うちは『欧風堂』はんのワッフルがあったら充分どす—

都人がそんな会話を交わすように、竹屋町通をはじめ、この界隈にも新しいスイーツショップが何軒もあり、ときには行列が出来たりしています。事情を知らない観光客の方は、人気店だと思っておみやげにしたりしていますが、歴史の浅い店には、なかなか〝本物の京都〟は根付いていないことも、知っておかれたほうがいいと思います。

堀川通に突き当たってから、竹屋町通は少し南に下ります。二条城の北側が竹屋町通

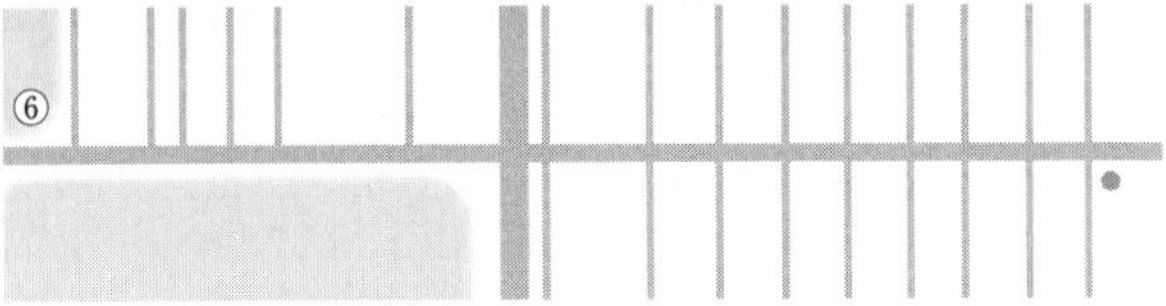

です。

怪鳥鵺退治の舞台

左手、南側に二条城を見ながら西へ歩きます。目立ったお店もなく、マンションや民家が建ち並ぶ通りを歩くと右手、北側に『二条児童公園』⑥（現在は『二条公園』）が見えてきます。ただの公園に見えますが、実は平家物語にも登場する鵺《ぬえ》退治の舞台でもあるのです。

仁平《にんぺい》年間と言いますから、平安時代の末期のころですね。ときの近衛天皇は夜な夜な襲ってくる鵺に悩まされていました。妖怪というか、怪鳥というか、要するに化け物です。その鵺退治を依頼された源頼政は、見事矢で射《う》ち落として退治しました。そのときに血のついた鏃《やじり》を洗ったのが、この辺りにあった池でした。それを再現した池がこの公園のなかにありますので、鵺の姿など想像しながら散策してみてください。

ここから西へ歩き、千本通に行き当たると竹屋町通は途切れます。

夷《えびす》川《がわ》通《どおり》

京都に住む者には、夷川通と言えば家具屋さんが集まっている通りです。家を新築したり、模様替えをして家具が必要になれば、まずはこの夷川通へと足を運ぶのが都人の倣いです。あるいは結婚が決まって嫁入り道具をとなれば、夷川通の家具屋さんへ行って相談をします。『宮崎』『サシトク』『森長』などの老舗家具店との付き合いが三代に及ぶ、といった家庭も少なくありません。もちろんそれは、イケアや無印良品、ニトリなどが無い時代の話です。

夷は恵比須

ところでこの通りをなぜ夷川と呼ぶようになったかと言えば、かつて〈恵比須神社〉があったからだそうです。京都で〈恵比須神社〉と言えば大和大路通の四条を下ったと

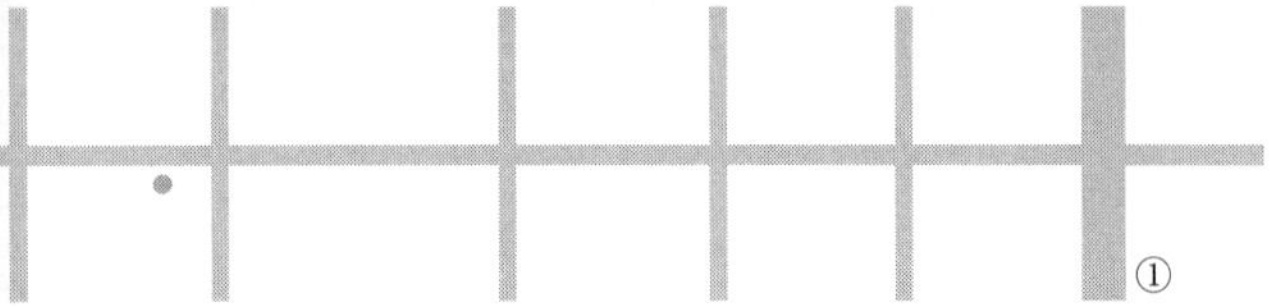

ころにある社が知られていますが、どうやらこの辺りにもあったようで、それも小さな流れに乗って流れ着いた恵比須さまを祀った神社だったとのこと。哲学の道沿いに建つ『若王子神社』のなかにある『恵比須神社』がそれだと言われています。

現在の夷川通は全長がおよそ一・八キロという短い通りです。東は鴨川から西は堀川通まで。三十分もあれば歩けますので、是非歩き通してみましょう。

さて、その東の端ですが、実際に行ってみると、ちょっとした不思議に出会えます。下流では高瀬川となる、みそそぎ川に小さな石橋が架かっていて、その先は鴨川を渡る飛び石へと連なっているのです。西から見ると、まるでそこに一本の橋が東岸まで架かっているような眺めです。

実はむかし、鴨川には夷川橋という橋が架かっていたのです。

安政年間といいますから、明治維新の少し前のころですね。当時この界隈に住んでいた京極宮家が、庶民のためにと自費で橋を架けたという話です。昔のお金持ちはスケールが違いますね。

明治四十三年に架け替えられた夷川橋ですが、残念ながら昭和十年の洪水で流されて

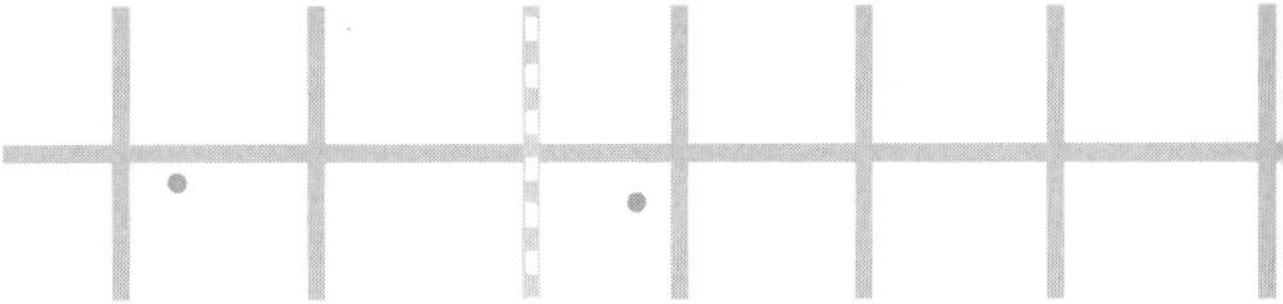

しまいました。

その名残は鴨川の東側、川端二条をふた筋ほど上った辺りに残っています。夷川通と記された古い地名看板が民家の軒下に貼られているのです。となれば本来の夷川通の東端はどこだったのでしょう。先の『若王子神社』の恵比須さまを考えると、鹿ケ谷通までだったかもしれませんね。

それはさておき今の夷川通を歩いてみましょう。

むかし架かっていた夷川橋に思いを馳せながら鴨川から西へ向かうと、〈舎密局跡〉と書かれた駒札が目に入って来ます。

〈せいみきょく〉と読むそれは、大阪と京都に設けられ、化学技術の研究や教育を目的とした公的機関です。

西へ歩くと河原町通に出ますので信号を渡りましょう。

お茶と五色豆

しばらく歩き寺町通まで行くと、夷川通と寺町通の南東角には茶舗『一保堂』[①]があります。昔ながらの二階屋には〈茶一保堂〉と白字で抜かれた暖簾《のれん》が掛かっています。

普段使いのお番茶から、とっておきの玉露、お抹茶まで多種多様なお茶が売られていますが、一番のお奨めは〈いり番茶〉です。

煎《せん》じた香りに独特のクセがありますので、好みが分かれるかもしれませんが、ご馳走を食べたあとの食後茶としては最適だと思います。手ごろな値段で買えますから、お土産にもいいでしょう。是非一度お試しください。

寺町通から西が家具屋街です。『一保堂』から寺町通を北へ。信号の角に〈家具の夷川〉と書かれた大きな看板が目に入って来ますので、ここから西へと進みましょう。

新旧、和洋織り交ぜて様々な家具や什器が並んでいます。インテリア雑貨のお店もありますから、歩いていて愉しい通りです。

柳馬場通を越えてすぐ左手、南側に古式ゆかしい木製の看板を掲げる店が見えてきます。ここが『豆政』②。京名物の五色豆で知られる老舗菓子店です。

今でこそ八ッ橋にその座を奪われていますが、かつて京土産の和菓子と言えば五色豆がその代表でした。

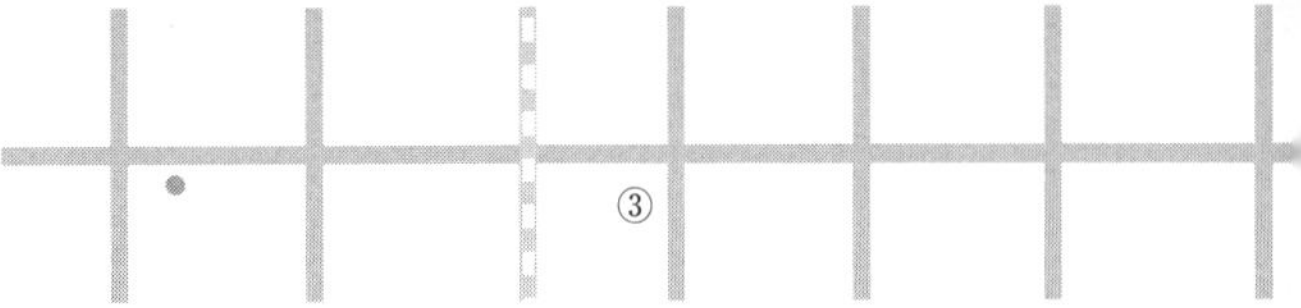

五色豆とは、豆のまわりを、宮中でお祝いごとに使われる五つの色砂糖でコーティングしたお菓子です。赤、白、黄、緑、茶を王朝五彩と呼ぶそうで、明治の中ごろにこの店の初代主人が考案したものと伝わっています。ほんのりした甘さと、カリッとした歯ごたえの豆が、絶妙のコンビネーションを奏《かな》でる五色豆は、もっと人気が出てもよさそうに思いますが、今の時代にはそぐわないのでしょうか。

夷川通はランチの宝庫

西へ進むと、まだまだ家具屋街は続き、烏丸通に至ります。その手前の左側、南側に『おおたや』[③]というお店の看板が見えてきます。

食が専門化するなか、このお店は、ありとあらゆる料理を揃える食堂です。洋食がメインですが、お寿司や鍋物などの和食もありますし、お酒のおつまみも揃っています。何を食べたいか思い浮かばないときは、とりあえず『おおたや』に行く、という京都人も少なくありません。店の前にずらりと並ぶサンプルを見ているうちに、だんだん食欲が湧いてくるのです。ハンバーグとコロッケが付いたBランチが僕のお奨めです。

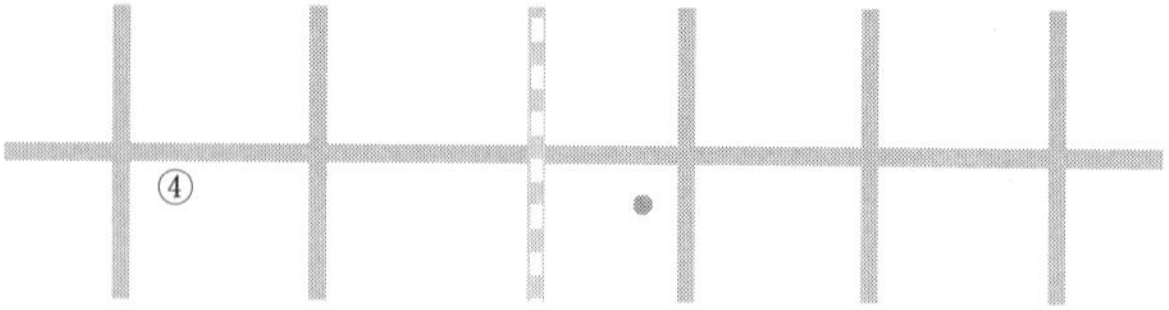

洋食は重たい、と思われる方にお奨めなのが、烏丸通を渡ってしばらく西に歩いたところにある『やっこ』[④]という、おうどん屋さんです。

看板には〈生そば〉と書かれていますが、こうしたお店は京都では蕎麦屋と言わず、うどん屋と言います。

丼とうどん蕎麦を主体にした、京都の典型的なうどん屋さんですが、この店の名物は〈キーシマ〉です。〈キーシマ〉とは黄色いそば、すなわち中華そばを和風のうどんつゆで食べるものです。中華麺を使って青ネギだけを添えたかけそばは、いつのころからか京都のうどん屋さんの人気メニューとなりました。一度食べるとクセになる味です。物足りないようならミニ丼とセットにしましょう。両方食べても千円でお釣りがくるというのも嬉しい限りです。

畳屋さんや美容室、薬局にお米屋さんといった、どこの街にもあるようなお店が点在していて、懐かしさを感じながら歩くうち、堀川通に行き当たり、夷川通は終わります。

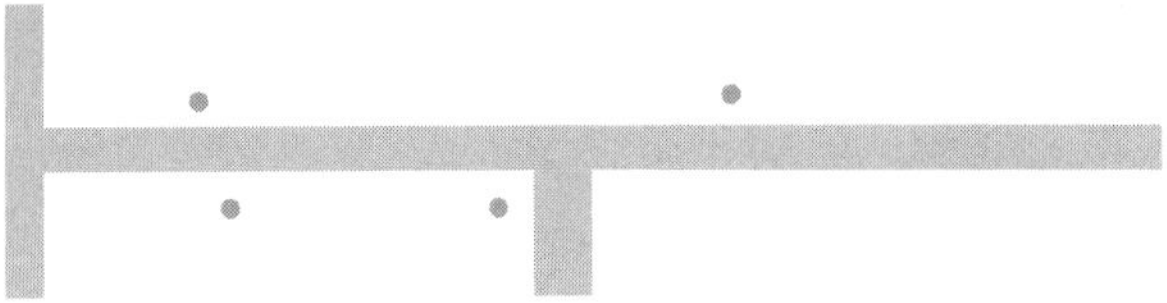

二《に》条《じょう》通《どおり》

二条通がこれまでに歩いて来た通りと大きく違うのは、平安京の大路と同じ名だということです。

一番北が一条大路だということは先に書きました。ではその次が二条大路だったかといえば、実はそのあいだに四筋もの大路があったのです。

土御門大路、近衛大路、中御門大路、大炊御門大路の四つの大路です。最後の大炊御門大路が今の竹屋町通だというのは、先に書いたとおりです。

かつて二条大路は平安京で最も広い東西の大路で、その道幅は五十一メートルもあったそうです。今の御池通とほぼ同じ広さですから、自動車など走っていない当時としては、破格の広さだったのでしょう。もっとも南北を貫く平安京のメインストリート、朱雀大路は八十五メートルもの道幅を誇ったといいますから、それにはとても敵《かな》

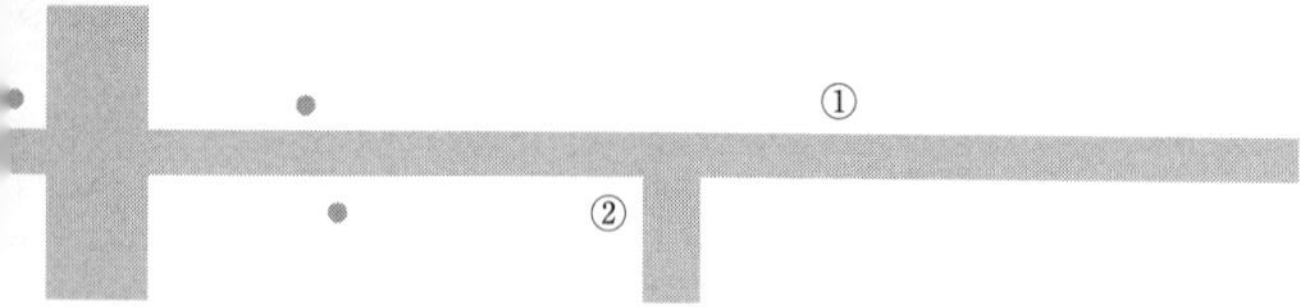

いませんが。

なぜ二条大路がそれほど広い通りだったかと言えば、平安京の大内裏の南限にあたる通りで、禁裏と街を隔てる意味合いもあったのではないかと推測されます。古く平安京のころの二条大路には冷泉院や二条院などの貴族のお屋敷や内裏御用の官庁が建ち並んでいたようです。

東は白川通、西は堀川通と全長およそ三・五キロの二条通に、今はその面影すら残っていません。とりわけ東の起点である白川通から琵琶湖疏水《そすい》を横切る辺りまでは、南側が動物園だったり、両側が岡崎公園だったりして、駒札以外はめぼしい遺跡もありません。

その代わり、と言っては何ですが、歩きはじめの白川通の白川に架かる岡崎橋近辺には、一代で財を成した人たちが建てた別荘が点在し、それらは〈南禅寺界隈別荘庭園群〉と呼ばれ、テレビ番組などで度々紹介されました。ほとんどが非公開で、中の様子をうかがい知ることはできませんが、広大な敷地に贅《ぜい》を尽くした建築、庭師が工夫を凝《こ》らした日本庭園を擁《よう》し、別天地のような佇《たたず》まいだそうです。

東大路通以西も、南側はお寺に接しているところが多く、鴨川までは単調な通りとなっていることは否めません。

変化に富んだ通り歩きができるのは、二条大橋を西に渡ってからでしょうか。

木屋町通から寺町通

木屋町二条の北側には『ホテルリッツカールトン京都』[1]が建っていますが、かつてここには〈ホテルフジタ京都〉という名のホテルがありました。外資系のホテルとは対照的に、当時の〈ホテルフジタ京都〉のバリエーション豊かなレストランやバーは地元京都人から親しまれていました。鶏料理の専門店や中華料理店などで食事をしたあと、滝の見えるバーや、蔵造りのバーで食後酒を愉しむ都人は少なくありませんでした。僕もそのひとりで、二条大橋に立つといつも、往時を懐かしく思いだします。

その向かい側、南側の木屋町通を下ったところには『島津製作所　創業記念資料館』[2]が建っていて、一般公開されています。初期の医療用エックス線装置や、木製の複式顕微鏡など、黎明期《れいめいき》の様々な機械器具を見ることができます。

そのすぐ西側は『日本銀行京都支店』[3]です。意外なほどの小ぢんまりした造りに驚かれるかもしれませんね。

河原町二条の北東角近くには『清水山洗心院法雲寺』[4]という浄土宗のお寺があり、境内には『菊野大明神』が祀られています。こちらは良縁を結び、悪縁を切るというご利益があるとされ、近年人気が高まっています。また、ここは〈百夜《ももよ》通い〉で知られる深草少将ゆかりの地でもあります。小野小町への恋心を成就させようとして、百夜通ったのですが、惜しくも九十九夜に命果てたという悲話が残されています。

その向かい側、西北角から二軒目のレストランは『広東料理鳳泉』[5]。京都中華の流れを汲《く》む人気店です。シュウマイや春巻き、カラシそば、焼飯など、何を食べても美味しく、値段も手ごろなので、たいてい行列ができています。

ここから二条通を西に向かって歩くと、寺町通に行き当たります。

かつてこの寺町二条の東南角には〈八百卯〉という果物屋さんがあり、梶井基次郎の短編小説〈檸檬《れもん》〉の舞台となったお店でした。

この店でレモンを買った主人公が、当時この寺町通を南に下ったところにあった〈丸

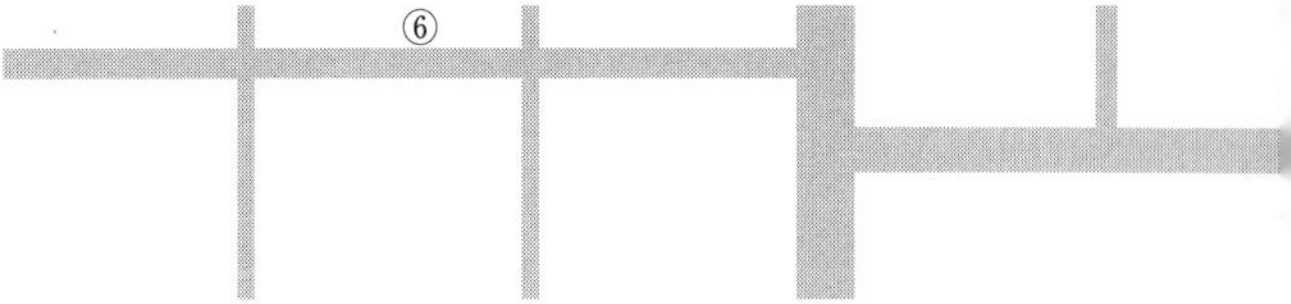

善〉の書籍売場で爆弾に見立てたレモンを置くという、不思議な世界観を梶井が描きました。

さらに二条通を西に歩くと『柳桜園茶舗』⑥があり、『一保堂』と人気を二分するお茶屋さんです。『一保堂』に比べて、こちらはかなり小さな店なので、買いやすいという人もいれば、逆に入り辛いという方もおられます。店構えというのはむずかしいものですね。

花街と薬屋

麩屋町通を越えた辺りには、かつて〈二条柳町〉という、秀吉公認の遊郭があったといいます。応仁の乱で荒廃した界隈の活気を取り戻そうとしたようですが、のちに六条柳町に移転し、その後島原に再度移転しました。

京都には五つの花街があり、島原は番外になりますが、由緒正しき花街の発祥が二条通だということはほとんど知られていません。

夷川通が家具屋さんの通りとして知られているのと同じく、二条通は薬屋さんの通り

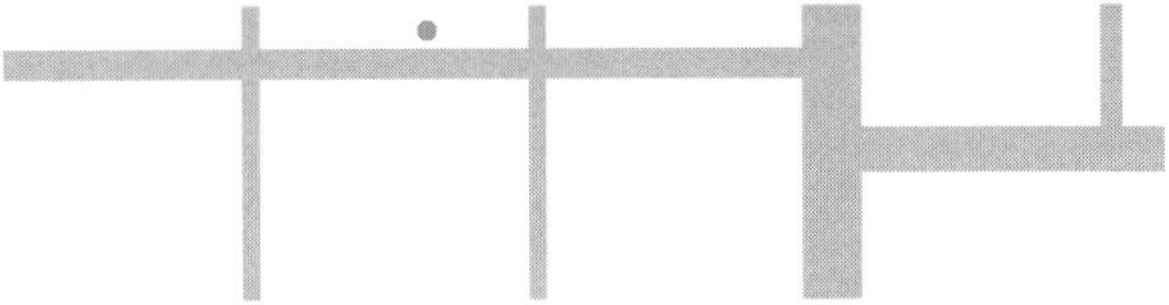

として京都人にはお馴染みです。

烏丸通をはさんで、東と西に何軒もの薬屋さんが建ち並んでいます。今の時代のドラッグストアと違い、和漢薬専門の薬屋さんが軒を並べるさまは、さすが京都と思わせる光景です。

烏丸通から西へ歩き、ひと筋目の両替町通を越えてすぐ右手、北側に小さな石の鳥居が見えます。鳥居の額束には〈薬祖神〉と書かれていて、傍らには〈薬祖神祠《やくそじんし》〉と彫られた石碑が建っています。小さな祠《ほこら》に祀られているのは、大国主命、神農、ヒポクラテスの三柱。国の内外を問わず、薬に縁の深い神さまが祀られています。

ここから西へ歩くと、堀川通で二条通は終わります。堀川通を越えた向かい側は二条城ですが、戦《いくさ》に備えたお城ではありませんので、二条通には城下町らしきものは見当たりません。

押《おし》小《こう》路《じ》通《どおり》

二条城の南側にあたるのが押小路通ですが、京都人的には御池通のひと筋北、という感覚の通りです。目立たない通りですが、この通りも平安京当時と同じ名前の、由緒正しき道筋です。

東の端は木屋町通、西の端は千本通。全長はおよそ二・六キロの比較的短い通りです。二条通と御池通という、京都の通りを代表する二者にはさまれているせいか、目立った見どころはありませんが、それだけに落ち着いた佇まいの通り歩きを愉しむことができます。

高瀬川の船入

お店が建ち並ぶ木屋町通から、高瀬川に架かる押小路橋を渡ると、左手の南側は『廣[①]

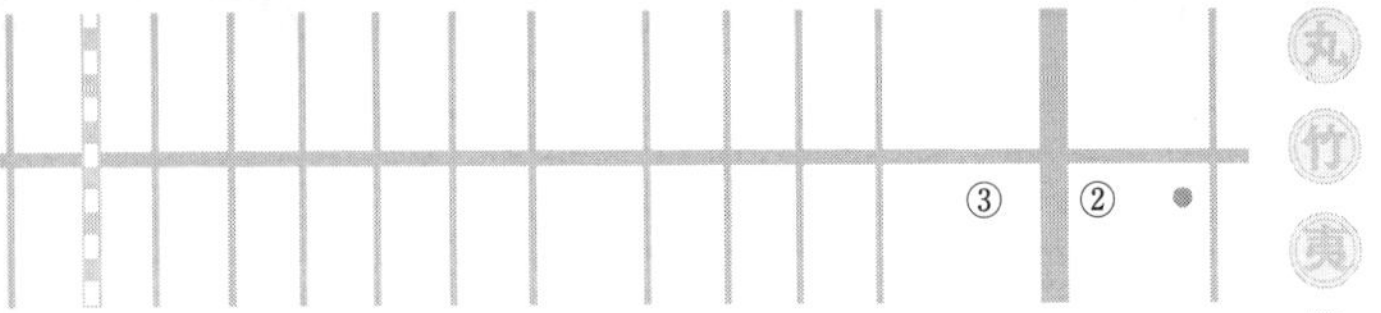

誠院』というお寺の白い土塀、右手の北側は飲食店のベンガラ色の壁、といかにも京都らしい眺めが得られます。

この辺りが〈高瀬川一之船入〉と呼ばれるところで、小舟を接岸させるための小さな入江だったのです。船入はこの一番から九番まであったようで、高瀬川が舟運としての役割を担っていたことが分かります。今では川幅も狭く、橋も低いので、荷物を運んだりするのに使われていたとは想像もできないのですが。

ここより南、正面通近くの『方広寺』で大仏殿が再建される際に、角倉了以《すみのくらりょうい》と素庵《そあん》の父子は、鴨川を利用して資材を運搬しました。そののち角倉父子は、京都の洛中と洛南伏見を結ぶ運河を開墾《かいこん》します。それがこの高瀬川なのです。高瀬川の北端、一之船入の橋の畔には〈高瀬川開墾者　角倉氏邸址〉と彫られた石碑が建っています。

京都ホテルオークラ

しばらく西に歩くと、左側に京都を代表するホテル『京都ホテルオークラ』②が見えてきます。せっかくですから河原町通にまわって、ホテルに入ってみましょう。

また私事になって恐縮ですが、かつては〈京都ホテル〉という名前だったホテルは、祖父の代から馴染みが深く、結婚披露宴を挙げたのもこのホテルでした。当時はクラシックな佇まいでしたが、建て替えられた今では近代的なビルに生まれ変わり、京都随一の高層建築となっています。とは言え、東京などに比べればとても高層とは言えない高さではありますが。

外観こそ無機的なビルですが、一歩足を踏み入れると、往時の空気が感じられる華やかな空間が広がっています。吹き抜けになったロビーラウンジのまん中には、いつも季節の花がたっぷりと生けられ、二階へと通じる階段が長いホテルの歴史を感じさせてくれます。気軽なカフェからオーセンティックなバー、和洋中のレストランまで飲食施設が豊富に揃っているので、宿泊せずとも充分愉しめます。

河原町通を西へ渡ると『京都市役所』③です。レトロ建築として京都市民には馴染みが深いのですが、老朽化は否めず、改築工事が始まっています。

押小路通を更に西へ歩きましょう。寺町通を越えて、御幸町通まで来ると人通りもほとんどなくなります。

落ち着いた狭い通りの両側に、ぽつりぽつりと店が点在していますが、派手な看板などはほとんどなく、昔ながらの町家をそのまま生かしたお店が多いのも押小路通の特徴です。なかには銭湯や八百屋さんがあったりしますし、都人の暮らしのなかに根付いた通りだということがよく分かります。

ほんものの京都らしさ

通り歩きをしていて、観光客向けのお店ばかりが並んでいるほど、つまらないことはありませんね。ましてやアヤシイ京言葉を駆使して呼び込みをされると、げんなりしてしまいます。

少し余談になりますが、いかにも京都の女性のような衣装で、

—おいでやすぅ　どうぞおはいりやしとくれやす　ようけおいしいもんありますえ—

などと京都ふうの言葉遣いで呼び込みをする店は避けたほうが無難です。なぜなら京都の本物のお店は、強引な呼び込みなど決してしないからです。

もう少し補足しますと、本物の京都のお店と、そうでないお店を区別するのに役立つ

のが〈京都らしさ〉なのだということです。

たとえばそこが和食のお店だったとして、〈京豆腐〉〈京野菜〉〈京湯葉〉〈京料理〉など店の看板やメニュー表に〈京〉の文字がたくさん並んでいれば並んでいるほど、本物の京都のお店とはほど遠いのです。

真っ当な京都の料理屋さんは、わざわざ〈京〉を謳《うた》うことはありません。謳う必要がないからです。食に限らず、このポイントは覚えておいていただくと、きっと役に立ちます。いかにも京都らしい店ほど要注意。そこに本当の京都は無いと思っていただいても間違いはありません。

空前の京都ブームとともに、〈京都は儲かる〉とばかりに、日本中、いや世界中からビジネスチャンスを狙った人たちが集結しています。たとえば祇園で言えば、飲食店の半数ほどが京都とは縁もゆかりもない方々の経営です。そんなお店は、なんとかして京都らしく見せようとして、そこかしこに〈京〉をちりばめます。その結果なんだか舞台の書割りのような、作り物のお店になってしまうのです。

そんな作り物のない、本当の京都のお店が軒を並べる押小路通は、歩いていても実に清々しく感じます。古き良き京都の、のどかな空気が流れていて、民家の前で立ち話をするお年寄りの姿を見ると、なんだかほっこりします。

押小路通歩きを続けましょう。富小路通から柳馬場通、堺町通と歩いてきて、ふと町名看板を見ると〈竹屋町〉とあります。竹屋町通はもっと北のはずなのに、といぶかっていると、この周辺には、〈杉屋町〉〈扇屋町〉〈塗師屋町〉〈鍵屋町〉などといった、専門職が集まって住んでいただろうと推測される町名が点在しています。〈瓦町〉や〈俵屋町〉などもおそらくその類いでしょう。そんなパーツが身近にあるから、家具の街夷川が生まれたのかもしれませんね。

人気を集めるみかね神社

烏丸通を越えて、更に西へと歩を進めても、おなじような街並みが続き、やがて[4]『二条城』へと行き当たります。西洞院通には近年人気が高まっている[5]『御金神社《みかねじんじゃ》』があります。

十年近く前に、この近くに建つ[6]『ANAクラウンプラザホテル京都』に籠《こも》る機会がよ

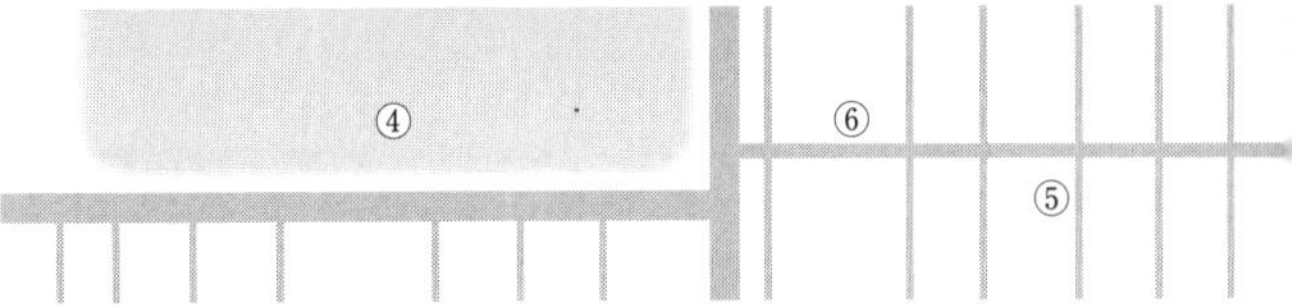

くありましたので、付近を散策していて、初めてこの神社の金の鳥居を見たときはびっくりしました。その当時から金の鳥居と金運を結び付けてお参りする人もあったようですが、今ほど盛んではありませんでした。

御金は〈おかね〉ではなく〈みかね〉と読み、元は金属全般に感謝し供養する神社だったとの注釈を必ず加えたうえで、雑誌や著書で紹介してきたのですが、神社自体も金運をアピールするようになり、金運を求めて行列ができるまでになってしまいました。

そんなわけで、あえてひらがなで見出しを付けました。

『二条城』を避けるように、少しばかり南に迂回した恰好の押小路通ですが、お堀端と松並木を右手に見ながら歩くのはなかなか快適です。東京の皇居周辺と同じく、時間を問わずジョギングする人たちの姿は絶えません。

お城の西南隅櫓《すみやぐら》近くに建つ石碑には〈東町奉行所跡〉と刻まれています。時代劇などでよく見かける、あの奉行所がこの辺りにあったのですね。

東町があるのですから、当然西町もあったのだろうと駒札を読んでみると、やはりそのとおりでした。〈現中京中学校付近〉とありますから、ここからすぐ西、千本通の手

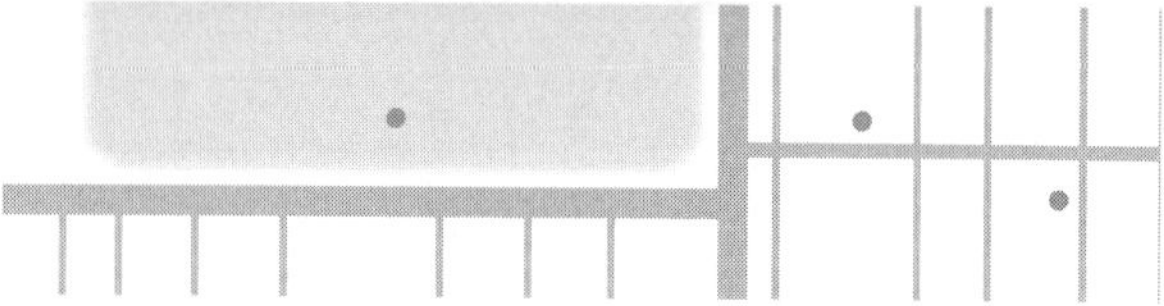

前に西町奉行所があったようです。

京都の市政一般、行政、司法、警察全般、租税徴収、訴訟処理と、奉行所の役割は多岐にわたっていて、それらをこの至近距離にある、ふたつの奉行所で行なっていたということには、少しばかり驚かされますね。時代劇でお馴染みの同心たちがこの押小路通を闊歩していたところを想像するのも愉しいものです。

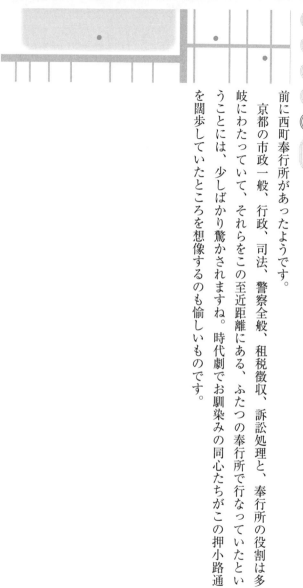

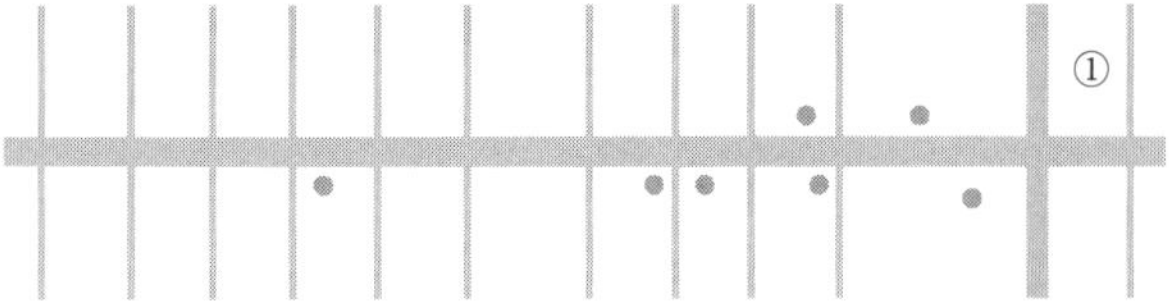

御《お》池《いけ》通《どおり》

御池通の東の端は川端通で、西の端は地下鉄東西線の『太秦天神川駅』から地上に出た西端で、全長は五キロ弱という、少しばかり長い通りです。

御池通が最も賑わっているのは河原町通から烏丸通辺りですから、この界隈だけを歩いていても、なぜ御池通と呼ぶのか分からないと思います。『①京都ホテルオークラ』の南側に人工の池らしきものが目に入る以外、池と呼べそうなものはまったく見当たりませんから。

通りの名の由来となったのは『神泉苑《しんせんえん》』という平安京大内裏の禁苑跡なのですが、それについてはもう少しあとで触れます。

京都でも最も広い通りのひとつである御池通は、戦時中に南側の民家を強制疎開させ、五十メートル道路としたことで生まれた通りです。そしてその地下には、京都駅の

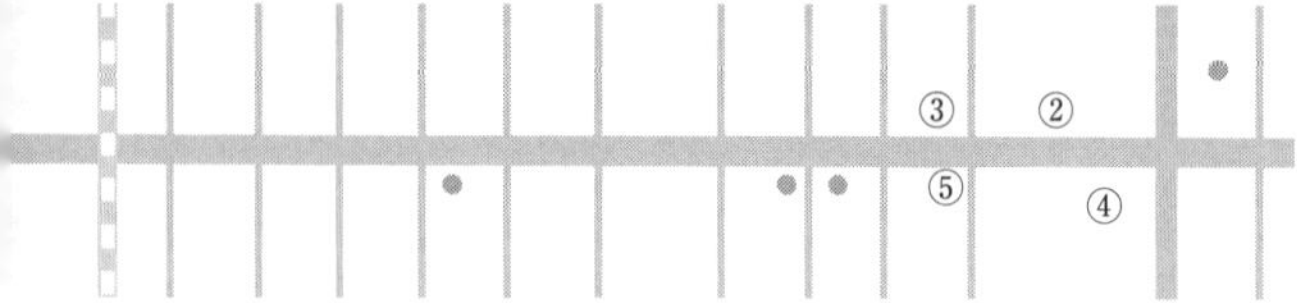

それと人気を二分する地下商店街『ゼスト御池』②があることでも知られています。

御池通に沿って東西に長く伸びる地下街は、盛衰を繰り返しながらも人気を保っています。ほかの地下街のように複雑に入り組んでおらず、東西のふた筋で構成されているせいで、迷わず歩けるということも人気の一因となっています。とりわけ雨降りの日などは、御池通歩きとして、是非一度地下に潜ってみてください。『ふたば書房』③という大きな書店をはじめ、スーパーマーケットやレストラン街もあって、歩いていて愉しい地下街になっています。

本能寺の変はここで起こったのではない

川端通から歩きはじめ、地上での最初の見どころは『本能寺』④です。

河原町通側からなら、ビルとビルの谷間に建つ、瓦屋根の小さな山門が目印になります。傍らには〈贈正一位織田信長公御廟所〉と刻まれた石碑が建っています。

寺町通側からなら迷うことも見過ごすこともありません。商店街のアーケードの奥には立派な山門が建っていて、〈大本山本能寺〉と刻まれた大きな石柱も建っています。

―ここの寺で信長が焼き討ちに遭ったんだよなぁ―

山門の前で若い男性が友人にそう言っていましたが、正確にはこの場所ではありません。〈本能寺の変〉が起こったときの『本能寺』はここではなく、蛸薬師通と油小路が交わる辺りにあったのです。

『本能寺』というお寺は数奇な運命をたどり、建立と焼失を幾度となく繰り返してきて、現在地での建立は七度目にあたるということです。

一五四五年に四度目の建立がなされたのが、蛸薬師油小路近くで、一五八二年に〈本能寺の変〉が起こり、信長が死去してから約十年後に現在地に移転しました。しかしその後も天明の大火や蛤御門の変などで焼失し、今の形に再建されたのは一九二八年といいますから、昭和のはじめごろのことになりますね。

『本能寺』の参拝を済ませて御池通に戻り、南側の歩道を歩きます。広い歩道なので歩きやすいですね。

寺町御池の西南角に建つ和菓子屋さんは『亀屋良永』[5]といって、その名も〈御池煎餅〉というお煎餅が名物です。

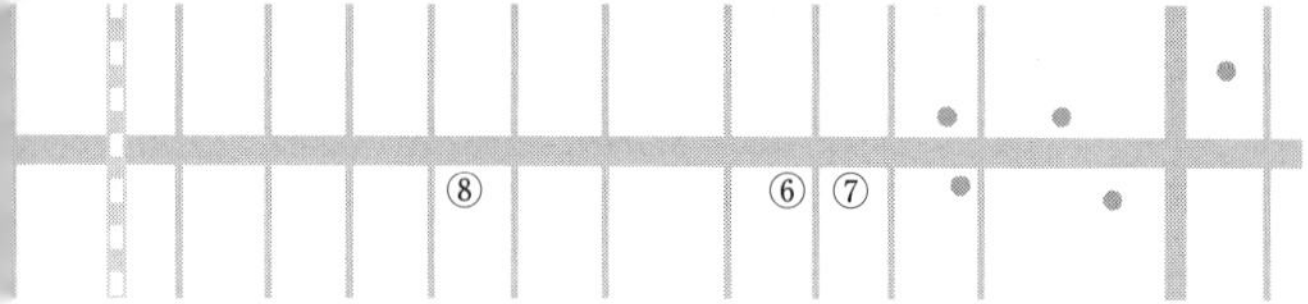

お煎餅といっても、カリカリではなく、フワフワとした食感が病みつきになるお菓子です。小屋根の上に飾られた木製看板の文字は武者小路実篤《むしやのこうじさねあつ》の手になるもので、〈御池煎餅〉のパッケージに使われているのが棟方志功《むなかたしこう》のデザインです。今どきのお店との違いは、こんなところにも表れます。老舗の風格を肌で感じ取ってください。

御幸町通を越えて、麩屋町通を少し南に下ってみましょう。両側は土壁の塀が続いていますが、どちらも京都を代表する日本旅館の外壁です。右手西側が『⑥柊屋《ひいらぎや》』、左手東側が『⑦俵屋』。それぞれにファンが付いていますが、僕は昔からの『俵屋』派です。京都に住んでいながら、わざわざこの宿に泊まったことが何度もあるくらいです。

その魅力をひと言で言い表すのはとても難しく、得も言われぬ居心地の良さ、くらいしか言葉が思い当たりません。機会がありましたら是非一度お泊まりください。日本一の旅館と僕が言い続けているわけがお分かりになることと思います。加えて、京都という街の、真のもてなしとはどういうものか、も実感されるはずです。

御池の八幡さま

御池通に戻って西に歩いていくと、左手南側に小さな朱の鳥居が見えてきます。ここが『御所八幡宮』[8]。今でこそささやかな境内ですが、かつては広大な敷地を誇ったといいます。戦時中の強制疎開は民家だけでなく、神社にまで及んだのです。

室町幕府の初代将軍である足利尊氏の邸宅は、このすぐ近くにあって、八幡さまを守護神として勧請したことから、その名が付いた神社だと駒札に書いてあります。

応神天皇、比売神、神功皇后を併せて〈八幡三神〉と呼び、ここ『御所八幡宮』でもこの〈八幡三神〉を祭神として祀っています。

京都で八幡さまというと『三宅八幡宮』がよく知られていますが、そちらとおなじように癇《かん》の虫封じや安産にご利益があるとされ、子どもの守り神でもあります。

更に西へ歩くと茶色いタイル貼りのビルの前を通ります。それを越えたところが間之町通ですが、その角を南に曲がったところに小さな石碑が建っています。

刻まれている文字には〈在原業平邸跡〉とあります。

在原業平といえば六歌仙のひとりとしても知られていますし、〈伊勢物語〉の主人公ではないかとも言われている有名人です。そのお屋敷がこんな場所にあったのですね。おそらく多くの京都人も知らないだろうと思います。広い御池通とは対照的に小さな石碑ですから目立たないのです。こんなことに気付くのも通り歩きの醍醐味なのです。

平安京より前のこと

烏丸通を渡らずに信号を北に歩きましょう。烏丸御池の東北角に立派な石碑が建っているのが分かるかと思います。

〈烏丸御池遺跡　平安京跡〉とあります。平安京の遺構もですが、それ以前の時代にこの辺りに集落があったというのはあまり知られていません。というより、平安京のイメージが強烈過ぎるせいで、奈良時代以前の京の街がどんなふうだったのかに思いが至らないのです。が、たしかにこの辺りには古墳時代から人が住み着いていたようです。

通り歩きの範囲を越えてしまうのですが、御池通の西端から更に西へ、二十分ほどまっすぐ歩いたところに『蛇塚古墳』があります。古墳好きの方は是非訪ねてみてください。住宅街のまん中に忽然《こつぜん》と姿を現す古墳にきっと驚かれることでしょう。

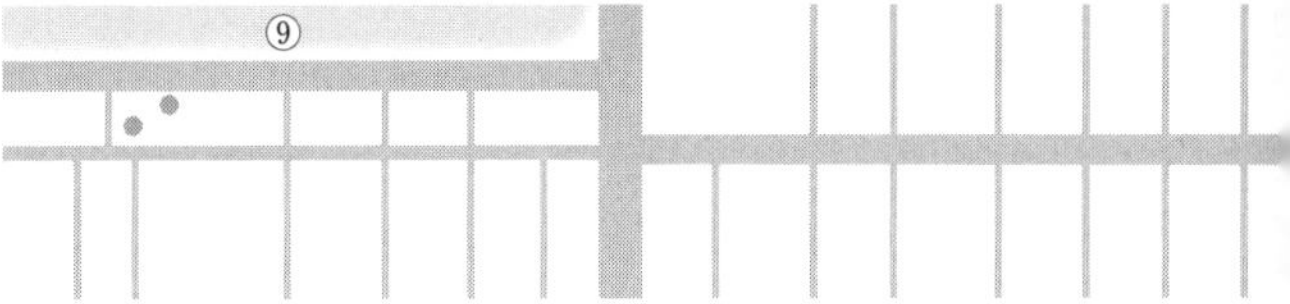

堺や奈良などと比べて、はるかに小規模ではありますが、周囲をぐるりと民家に囲まれた古墳は身近な存在として目に映ります。

京都府にある古墳としては、最も大きい横穴式の石室を持つ前方後円墳だったのですが、今は露出した石室だけが残っています。蛇塚という名前もなんとなく不気味ですが、これを取り囲むようにして住んでいる人たちは、どう思っておられるのでしょうね。

番外編はこれくらいにして、御池通歩きに戻りましょう。

烏丸通から堀川通までは単調な通りです。広々とした通りは歩くためというより、車がスムーズに通行するための通りだと割り切って先を急ぐことにしましょう。

堀川通を越えると目の前の右手は『二条城』⑨です。大政奉還の舞台となったところでよく知られていますね。

劇的に時代が変わっただけでなく、京都にとっては都が都でなくなるという、衝撃的な事実を目の前に突きつけられた政変でもあります。

―天皇はんには、ちょっとのあいだだけ、東京に行ってもろてるんや。じきに帰ってきはる――

都人がそううそぶくようになったのは、この『二条城』が切っ掛けだったのです。

御池通は堀川通を越えると急に狭くなります。通りの両側を見渡せるのは、ちょっとした安心感がありますね。

御池通の名の由来・神泉苑

さて、そろそろ御池通の名の由来となった場所が近づいてきました。御池通と押小路通にはさまれた『神泉苑』[10]こそが御池通の名の由来となった社です。もちろん諸説あるので、断定はできませんが、今もこの『神泉苑』に残る池が通りの名前になったのです。

この池には少しばかり哀しい逸話が残されています。それは雨乞い神事です。

今では『東寺』だけになってしまいましたが、古くは〈西寺〉もありました。羅城門をはさんで東に『東寺』、西に〈西寺〉があったのです。

ときは天長元年。平安京が定められてからしばらく経ったころのことです。長く続く

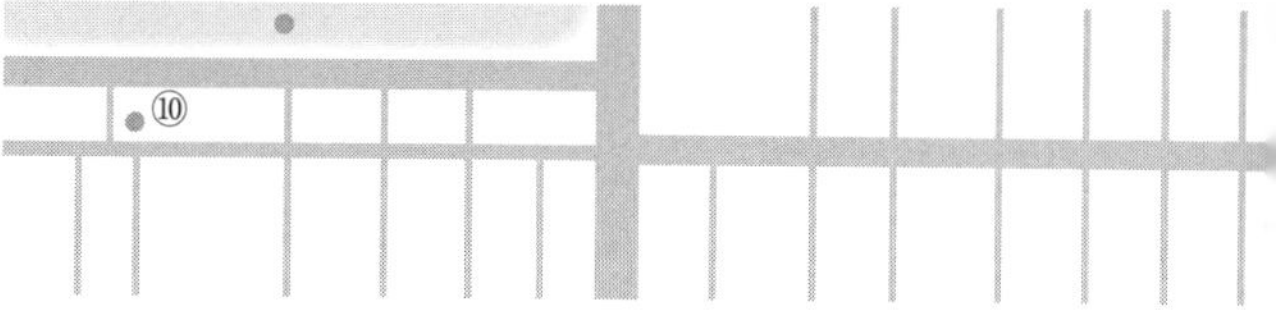

干ばつに困り果てた当時の朝廷は、雨乞いという手に打って出ます。その任を命ぜられたのは、『東寺』の空海と〈西寺〉の朱敏《しゆびん》のふたり。つまりは雨乞い対決です。紆余曲折《うよきよくせつ》を経て、最終的に勝利したのは空海でした。いっときは朱敏のほうが優勢だったのですが、のちにズルをしたことがバレてしまい、朱敏の名声は地に落ちてしまいます。

これを切っ掛けにして『東寺』は隆盛を極め、その後〈西寺〉は廃寺に至ってしまいます。あきらめきれない朱敏は空海の暗殺を企てますが、お地蔵さまが身代わりになることで、企ては失敗に終わります。その身代わりとなり、背中に矢を受けたお地蔵さまは『矢取地蔵』と呼ばれ、今も〈羅城門跡〉の傍に祀られています。

『東寺』があるのに、なぜ〈西寺〉がないのか。よくそんな質問をいただきますが、その答えを解くカギは、御池通の名の由来となったとも言われる『神泉苑』にあったのです。

かつては広大な敷地を持ち、広々とした池だったようで、天皇家の人々はこの池で舟遊びを愉しんだと言われ、小さな池と化した今も、その名残を感じられるような気もし

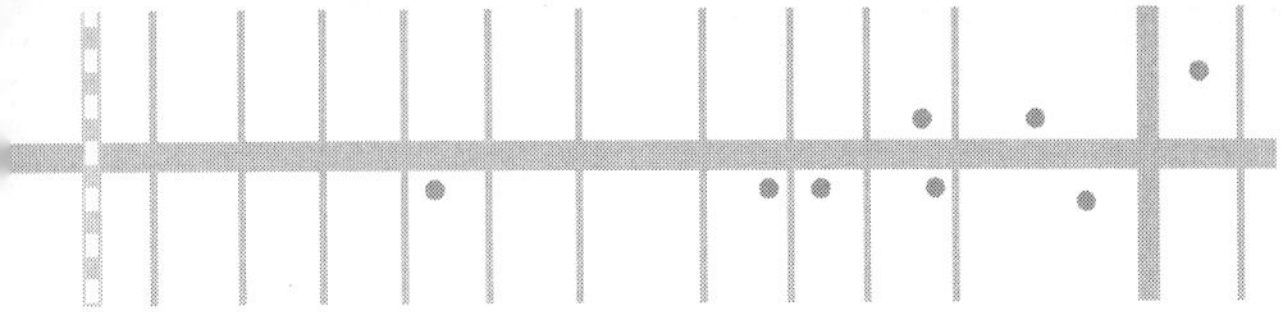

ます。

ここで是非見ておきたいのが、池のほとりに建つ小さな祠〈恵方社〉です。

おそらく日本中でただ一カ所、ここだけだと思うのですが、この祠はぐるりと回転します。なぜ回るかと言えば、毎年大晦日の夜十一時になると、翌年の恵方のほうに向けるからなのです。つまりこの〈恵方社〉は常に恵方に正面を向けているのです。

『神泉苑』でもうひとつだいじなことがあります。それは京都三大祭のひとつである祇園祭発祥の地だということ。

貞観五年、都に疫病が流行した際、当時の〈祇園社〉、つまり今の『八坂神社』のお神輿を迎えて行なわれた〈祇園御霊会〉こそが、祇園祭のはじまりなのです。貞観十一年には六十六本の鉾《ほこ》を建て祈願しました。その結びつきを今に残している神社が三条通にあるのですが、そのお話はまたのちほど。

『神泉苑』を訪れたなら是非ひと息入れたいお店があります。すぐ西にある『喫茶チロル』[11]です。今どきのカフェではなく、昔からある喫茶店。お茶やコーヒーだけでもいいのですが、時分どきならランチを摂《と》るにも最適のお店です。カレーやオムライス、トン

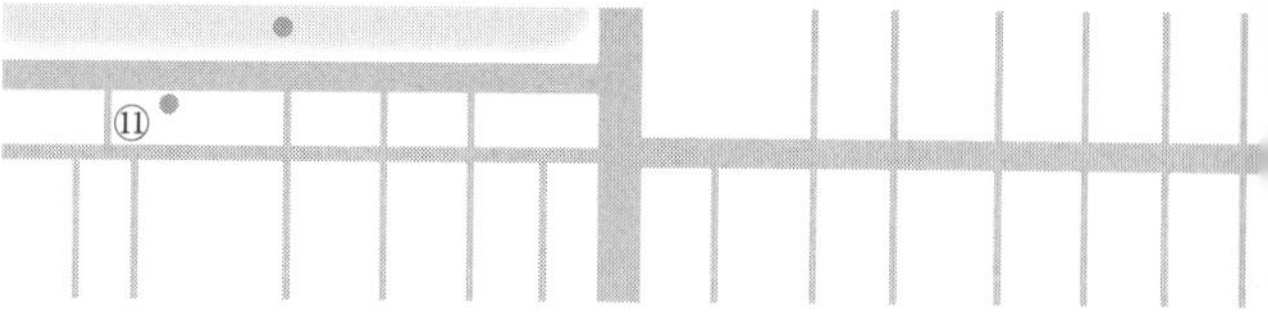

カツやスパゲティなど、メニューが実に豊富で、かつどれを食べても安くて美味しいのです。なので僕にとってこのお店は喫茶店というより食堂なのです。最初からここでお昼ご飯にするつもりで御池通を歩いて欲しいと思うくらいです。

ここから西へしばらく歩くと二条駅に行き当たります。かつては威風堂々たる駅舎でしたが、今は軽やかな駅に様変わりしてしまいました。そして御池通はこの駅のなかを突っ切って更に西へと続きます。

地下を地下鉄東西線が通る御池通は、ちょっと不思議な終わり方をします。

御池通の西の端は、地下鉄東西線の太秦天神川駅から地上へ出てすぐ西の交差点です。

変則十字路の交差点には〈三条御池〉と記されています。京都人はもとより、少しでも京都の地理を知る人なら、きっと驚かれることと思います。なぜなら御池通も三条通も東西の通りですから、けっして交わるはずがないのです。なのにこの交差点には間違いなく〈三条御池〉と書かれているのです。

あり得ないことが起こるのも、通り歩きの愉しみということにして、交差点の地名看板を写真におさめ、御池通歩きを終えることにしましょう。

Column
京都の朝ご飯を愉しむ

お昼はどこへ行くか。夜は何を食べるか。昼と夜はしっかり計画を立てていても、意外に抜け落ちているのが朝の時間です。

真冬はともかく、春から秋にかけての京都は、朝もしっかり愉しまないと、もったいないのです。

朝の座禅や写経、朝ヨガといった体験は最近の京都旅でも人気を呼んでいます。そんな清々しい体験をしたあとに、京都らしい朝食を摂りたいのですが、お奨めはありませんか。そう訊ねられることも多くなってきました。

京都人が愛する朝のパン

一番のお奨めは、昔ながらの喫茶店でのモーニングです。

代表的なお店は『イノダコーヒ』ですね。もしくは『前田珈琲』や『喫茶チロル』などは本書でも紹介していますが、そのほかにも京都の町中にはたくさんの喫茶店がありますし、そのなかの多くが朝早くから営業しています。名古屋のようにお得なモーニングセットのようなものはあまり用意されていませんが、トーストとコーヒーだけでも充分愉しめます。

知恩院近くの喫茶店でモーニング

たとえば名刹『知恩院』のすぐ近くにあって、清流白川にもほど近い『やまもと喫茶』の〈トーストセット〉はサラダとドリンクが付いて五百五十円です。ハムエッグをプラスすると六百五十円。シンプルなモーニングセットなのが京都らしいところですね。このお店では〈焼たまごサンドセット〉も人気です。ふわふわオムレツとキュウリが挟んであって、ボリューム満点ですがこちらは八百円です。

もしくはパン屋さんでパンを買ってきて、鴨川の河原や京都御苑のなかの庭園などで食べる朝ご飯もいいですね。和のイメージが強い京都ですが、京都人のパン好きはよく知られています。人気のパン屋さんもたくさんありますが、街なかの小さなパン屋さんでも美味しいパンを食べることができます。お店探しのヒントは香りです。パンを焼くときの独特の芳ばしい香りが漂ってきたら、鼻を鳴らして元をたどってみましょう。きっとパン屋さんが見つかるはずです。

いつものパン屋さんで、いつものパン

新旧入り乱れて、たくさんのパン屋さんがしのぎを削る京都なので、どこをお奨めするか迷ってしまいますが、わざわざそこを訪ねるのではなく、市内のあちこちにあって、買い求めやすい『志津屋』をお奨めしておきましょう。

今回ご紹介した通りのなかでも、丸太町通、二条通、御池通、三条通、四条通と、あちこちの通りに店を構えていますから、迷うことなく買うことができます。

古くからの京都人なら誰もが一度は食べたことのある〈カルネ〉が朝食にはピッタリです。しっかりした歯ごたえのある、ドイツ風のフランスパンにハムとタマネギが挟んであるだけのシンプルなものですが、爽やかな味わいが朝の目覚めによく合います。

もしくは〈ふんわりオムレッサンド〉も朝食向きです。京都の出汁巻き玉子を思わせるような、あっさりしたオムレツがたっぷりと挟んであって、食べ応えも充分です。〈元祖ビーフカツサンド〉と半々になったセットもお奨めです。近ごろでは、行列のできるパン屋さんもあるようですが、真っ当な都人は、そんな面倒なことは

せず、いつもの『志津屋』さんで、いつものパンを買って愉しみます。

京都駅近くで「朝からラーメン」

パンのような、あっさりした朝食では物足りないとおっしゃる方にお奨めしたいのは朝ラーメンです。

札幌や博多のような特徴的な名物ではありませんが、京都は美味しいラーメン屋さんがたくさんあることでも知られています。

見た目も味もあっさりしているのが京都の特色のように思われますが、ことラーメンに関しては、そんなイメージとは正反対で、見るからに濃厚で、味もこってりしているのが京都のラーメンの大きな特徴です。

ＪＲ京都駅からも徒歩圏内にある二軒のラーメン屋さんにできる行列は今や京都名物といってもいいでしょう。

京都駅を出て、塩小路通を東に歩き、高倉通の角を南に曲ると、きっと行列が見えてくるはずです。手前北側が『新福菜館本店』、南隣が『本家第一旭たかばし本店』。どちらが美味しいまずいではなく、それぞれに味わいが異なり、どちらもたくさんのファンが付いています。共通して言えるのは、京都イコール薄味、というイメージとはまったく異なる味わいということです。前者は見た目が黒々として、いかにもしょっぱそうに見えますが、食べてみると思いのほかあっさりしていることに驚かれることでしょう。後者は色目こそ淡いものの、屋台風の濃密な味わいはしっかりコクがあって、一度食べるとクセになります。

街なかにもたくさんのラーメン屋さんがある京都ですが、朝ラーメンとなると、この二軒に限ると言ってもいいでしょう。

定食からお寿司、すっぽんまで。和食の朝ご飯

京都の朝ごはんと言えば、和食の朝粥も有名ですね。『南禅寺』の近くに店を構える老舗料亭をはじめ、京都の街のイメージにピッタリあうお粥は、あちこちのお店で味わうことができますが、お手ごろとは言えない価格ですし、夏限定というお店も少なくありません。京都ではお粥はどうやら夏の風物詩的な存在になっている

ようです。

真夏になると、あちこちのお寺で〈暁天講座〉という催しが開かれ、早朝から大勢の善男善女で賑わいます。法話や講話を聴いたあとに、朝粥を愉しめる〈暁天講座〉も少なくありませんので、一挙両得を狙うのも悪くないかと思います。

手軽な値段で和食の朝ご飯を味わえるお店をまず二軒ご紹介しておきましょう。

一軒は花街宮川町の細道に店を構える町家カフェ『ろじうさぎ』。ここでは、いわゆる京のおばんざいふうの〈京の朝ご飯〉が食べられます。街なかでの朝食なら、ここが一番のお奨めです。

炊き立てのご飯に、焼魚か煮魚、出汁巻き玉子と小鉢がふたつ、お味噌汁とお漬物が付いて九百円というのは、とても良心的な価格だと思います。最近は人気も高まってきましたので、できれば予約をしておいたほうがよさそうです。

もう一軒は北山大橋の東畔から少し北に上ったところにある『花梓侘《かしわい》』です。和菓子のようなビジュアルの〈つまみ寿し〉が人気の店ですが、最近始まった朝ご飯も人気のようです。

〈朝の玉手箱〉は鮭の西京焼きや、宮島の焼穴子、小海老の天ぷらなど九種類の具材を、おにぎりにして食べる趣向で、お茶漬けにもアレンジできて、出汁巻き玉子と生麩の味噌汁、デザートのアイスクリームが付きます。〈朝のつまみ寿し〉はお店名物の〈つまみ寿し〉が十貫、生麩の味噌汁と、手作り上生菓子が付きます。どちらも二千円ですから手ごろな価格で朝からご馳走が食べられますね。こちらも小さな店ですから予約が無難でしょうね。

せっかくの京都だから、朝から贅沢なご飯を愉しみたいと思われる方に、とっておきの贅沢朝食も紹介しましょう。

通り歩きの本文でもご紹介した『京都ホテルオークラ』に『入舟』という和食のレストランがあるのですが、ここでは一日三組限定ながら、〈すっぽん小鍋のこだわり朝食〉というメニューがあって、朝からすっぽん鍋という贅沢を味わえます。

京都には老舗のすっぽん鍋専門店があって、世評も高く美味しく味わえますが、決して安価ではありません。『入舟』のそれは五千円（税・サービス料別）。朝食と考えると高価ですが、すっぽん鍋と考えると値ごろだと言えます。小鍋とは言え、しっかりすっぽんが入っていますから。

パン屋さんのパン、喫茶店のモーニングから、すっぽん鍋まで、京都の朝ご飯は多くの選択肢があります。昼と夜ばかりでなく、朝の食も選び分けて愉しんでいただきたいものです。

第二部　姉小路通から錦小路通まで

～姉・三・六角・蛸・錦～

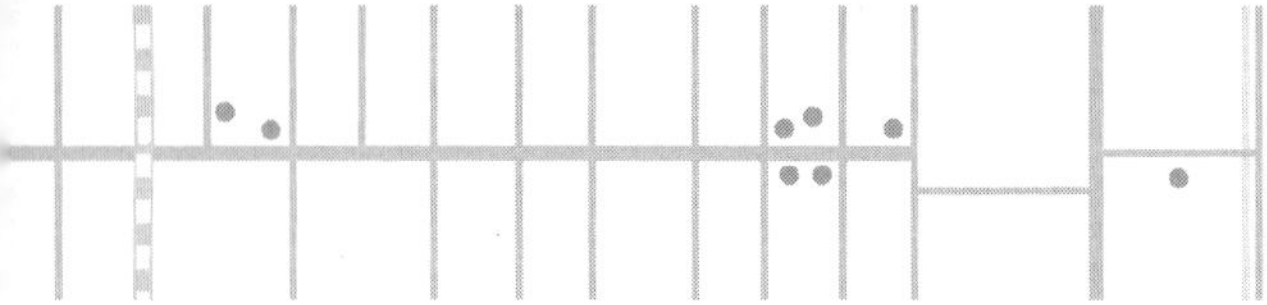

姉《あねや》小路《こうじ》通《どおり》

子どものころ、「丸竹夷」で始まる通りうたを歌いながら、絵が頭に浮かぶのは姉小路から錦までです。

姉三六角蛸錦。例の通りうたの、この部分を歌いながら、顔が六角のオネエサンと、黄色と黒の縞模様になった蛸を思い浮かべていた子どもは僕だけではないと思います。姉さんは六角顔で蛸は二色。ふざけてそんな落書きをしたことも懐かしい思い出です。

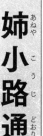

その姉小路ですが、平安京の姉小路から続く、由緒正しい通りの名前です。東の端は木屋町通で、西の端は佐井通まで、三・六キロほどの通りです。

古くは貴族や公家のお屋敷が建ち並ぶ通りでしたが、応仁の乱によって多くが焼失し、そののちは商家が増えて行ったといいます。それゆえ、この姉小路通には老舗の商店も少なくなく、昔からの看板なども見ごたえがあります。著名人や書家が揮毫《きごう》した屋号は、町の美術品といってもいいでしょう。

では実際に姉小路通を歩いてみましょう。東の端は木屋町通、日が暮れると一挙に賑わいを増す界隈です。

幕末・志士たちの残り香

そしてこの界隈はまた、幕末から明治維新に掛けて活躍した志士たちが多く住んでいた場所でもあります。木屋町姉小路近辺には、それを示す石碑が三つ建っています。〈吉村寅太郎寓居之址〉の石碑の傍らには〈天誅組「吉村寅太郎」寓居跡〉と題した駒札も立っています。そしてそのすぐ北には、吉村寅太郎の師とも言える武市瑞山の寓居跡石碑も立っています。

〈ちりめん洋服　発祥の地〉という石碑が並んで立っているのが、なんとも不思議な光景に見えますが。

高瀬川に架かる小さな橋を渡ってすぐのところには〈従是西　徳川時代対馬宗氏屋敷跡〉と書かれた石碑が立ち、同じ石碑の右側には〈附桂小五郎寓居跡〉と書き足されて

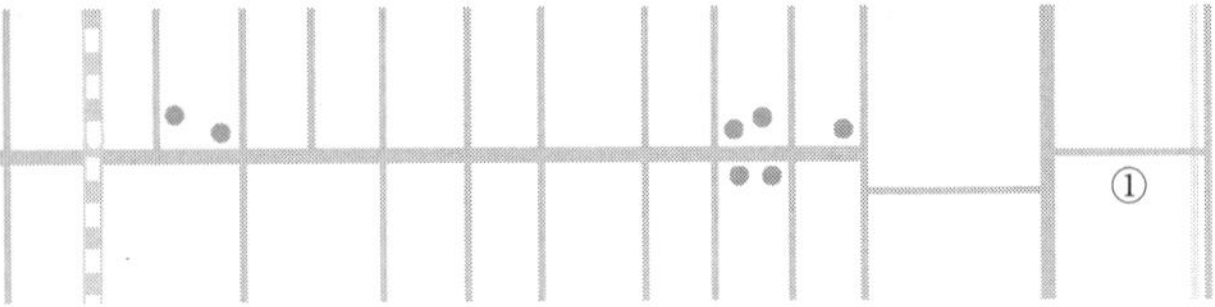

います。〈附〉には〈つけたり〉と仮名がふってありますが、なんだか〈ついでに〉といったふうで、これもまた不思議な光景に見えます。

桂小五郎の寓居としては、芸妓・幾松《いくまつ》と一緒に暮らしたところがよく知られていて、その家は芸妓と同じ名前の料理屋になっています。

また桂小五郎の銅像は、先述した『京都ホテルオークラ』の河原町通側に建っています。木屋町御池から姉小路近辺は、幕末のころには、幕府と対立を深めていった長州の志士たちが居を構えるという、ある意味で物騒な界隈だったのでしょうね。

京のカトリック教会

そんなころに思いを馳せながら、西へ向かって歩くと、右手に教会が見えてきます。これが①『カトリック河原町教会』。この辺りのシンボル的存在です。

ところで、お寺や神社と同じように、キリスト教の教会も聖堂のなかへ入ることができることは意外に知られていません。もちろん寺社と同じく、信徒以外の入堂を不可とするところもありますので、必ず事前確認は必要です。

日本にキリスト教が入って来てから三百年以上も経ってからのことですが、一八八八年にこの教会の建設が始まっています。そしてその翌年の七月には〈フランシスコ・ザビエル教会〉として定礎されます。一九六七年に今の新聖堂が建てられ、旧聖堂は愛知県の明治村に移築され、現在もその姿を見ることができます。

〈聖フランシスコ・ザビエル大聖堂〉と名付けられた聖堂は、そのモダンな外観にふさわしく、崇高ながらも明るく開放的な空気を湛えています。

キリスト教会でありながら、日本人でも身近な雰囲気を感じられるのは、この聖堂を設計したスイス人司祭が、日本の神社様式をとりいれたからなのです。

長い禁教の歴史のなかで、京都でも多くの殉教者が出たことを悼《いた》む間もあり、その苦難を目《ま》の当たりにすると、宗教の別なく心が痛みます。

老舗と看板

河原町通を越えても姉小路通は、その道幅も空気も変わることなく寺町通へと続きます。突き当たって少し北にずれる形で姉小路通が続きますが、必ず立ち寄っておきたい

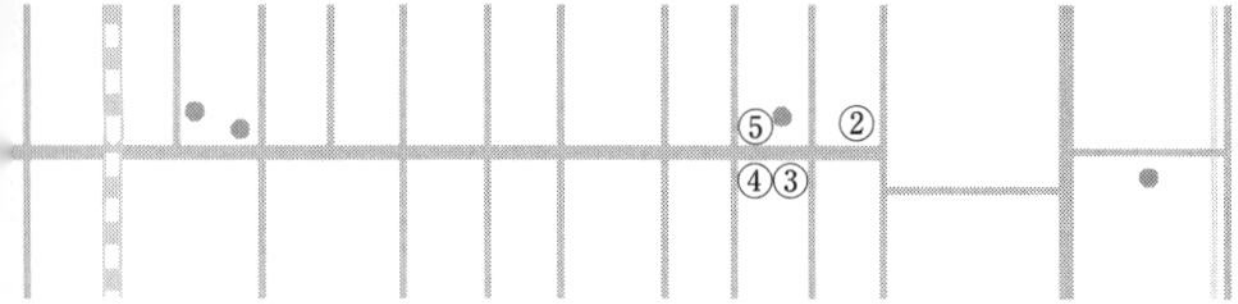

のが、寺町通と姉小路通の北西角に建つ『鳩居堂』[2]です。

東京銀座にも同じ名前の店があり、公示地価が改正されると決まってニュースになる場所ですね。いわゆる一等地と言われる土地ですが、京都の場合は少し違います。骨董屋さんや古書店、文具店、画廊などが居並ぶアカデミックな空気が漂う場所に『鳩居堂』は建っています。

お店に入る前からお香の香りが漂ってきます。なかに入るとよりいっそうです。なんとなく気分が落ち着いてくるから不思議ですね。

文房四宝と呼ばれる、日本古来の文具をはじめ、和紙を使ったものが所狭しと並んでいます。ポチ袋や懐紙、ハガキや封筒、一筆箋などは恰好の京土産になると思います。

姉小路通を西に歩きます。

左手、南側の店を見上げると古式ゆかしい看板が見えます。〈蕎麦ほうる〉と読める『河道屋老舗』[3]の看板はどなたの書なのでしょうね。十六代を重ねてきた老舗らしい風格がみごとです。

その西隣には『彩雲堂』[4]。日本画の絵具専門店は、富岡鉄斎が名付け親で、当然のよ

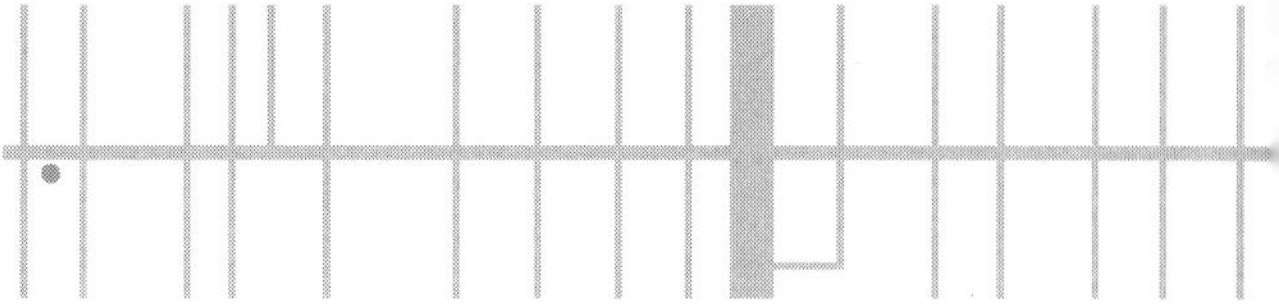

うに軒下に掛かる看板も鉄斎の手になるものだそうです。

かの鉄斎が屋号を定め、看板まで自ら手掛ける。これが京都のお店のすごさなのです。文化という言葉を超え、この地に根付いた様々は、古木の看板を見れば明らかなのです。

旅館俵屋のティーサロン・ギャラリー

もちろん看板だけではありません。店のなかにはいっても京都の奥深さは目の当たりにできます。右手北側に店を構える[5]『遊形《ゆうけい》サロン・ド・テ』に入ってみましょう。

この店は、日本一とも称される『俵屋』旅館のティーサロンです。『俵屋』に泊まるとなると、いくつものハードルを乗り越えねばなりませんが、ここなら誰でも入れます。

僕は京都に住まいながらも『俵屋』に泊まるほどのファンなのですが、この店で紅茶を飲んでいると、『俵屋』の部屋に居るのではないかと錯覚するほど、宿とおなじ空気が流れています。

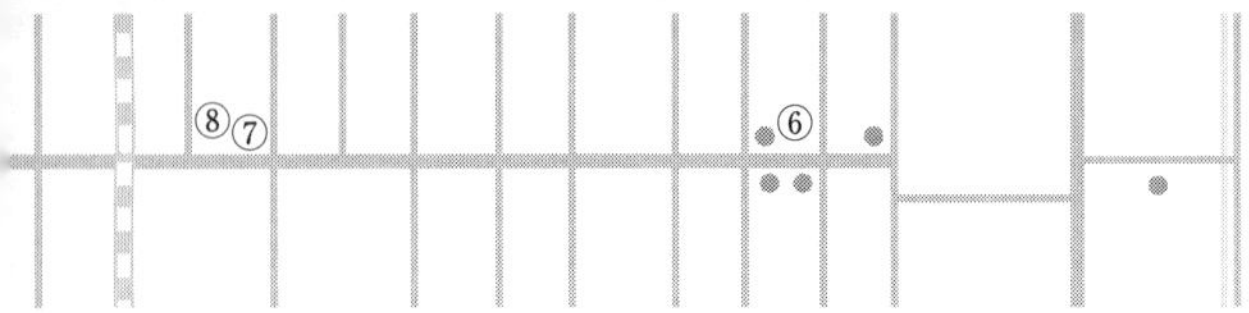

『俵屋』のエッセンスを感じられるティーサロンでのひとときは、比類なき時間を与えてくれます。設《しつら》え、家具、調度、器などなど、宿で過ごす一夜に負けず劣らずの時間。泊まらずとも『俵屋』の片鱗をうかがえる店はとても貴重な存在です。

話は前後しますが、この店の二軒東には『ギャラリー遊形』⑥という『俵屋』グッズを扱うお店があります。宿で使われているものや、当主が考案したバッグや匂い袋など、品のいい商品が並んでいます。自分へのスーベニールとしても最適です。

この辺りから西へ、烏丸通までたくさんのお店が並んでいます。昔からあるお店もあれば、最近できたお店もありますが、どこも個性的なのが姉小路通のお店の特徴です。

三百年を超えるゆず味噌専門店と見目麗しい干菓子

東洞院通を越えてすぐ右手、北側に〈柚味噌〉と書かれた看板が目に入ります。『八百三』⑦というお店ですが、ここはゆず味噌の専門店です。創業は宝永五年と言いますから、三百年を超える歴史を持つ老舗です。ふろふき大根や、茄子や豆腐の田楽に最適ですが、そのまま白飯に載せて食べても美味しくいただけます。変化球としては紅茶に入れるという手もあります。

ちなみに〈柚味噌〉というこの店の看板は、かの北大路魯山人《きたおおじろさんじん》の手になるものです。なかなか味わいのある書ですね。

昔はこうした書家や芸術家に看板を作ってもらうことがよくあったようです。もちろんそれ相応の対価を支払ってのことですから、パトロン的な意味合いもあったのではと思います。店が芸術文化を育て、アーティストたちは店のイメージや価値を高める。老舗の看板は、持ちつ持たれつの関係が保たれていた、古き良き時代の産物です。

烏丸通へ出る手前右手、北側に立派な看板が掛かる和菓子屋さんがあります。[8]『亀末廣』という老舗です。この店の名物菓子とも言えるのが〈京のよすが〉。四畳半の茶室をモチーフにした杉箱に、見目麗《うるわ》しい干菓子がきれいに詰め合わされています。内容は季節によって異なりますので、京都へ来る度にこれを買い求めるのが愉しみ、とおっしゃるかたもおられます。

烏丸通を越えて西へ歩くと、ビルや会社が並んでいて、あまり見るべきものがないような感じです。ただ、街並みとしては比較的整っていて、京都の通りらしい風情は味わ

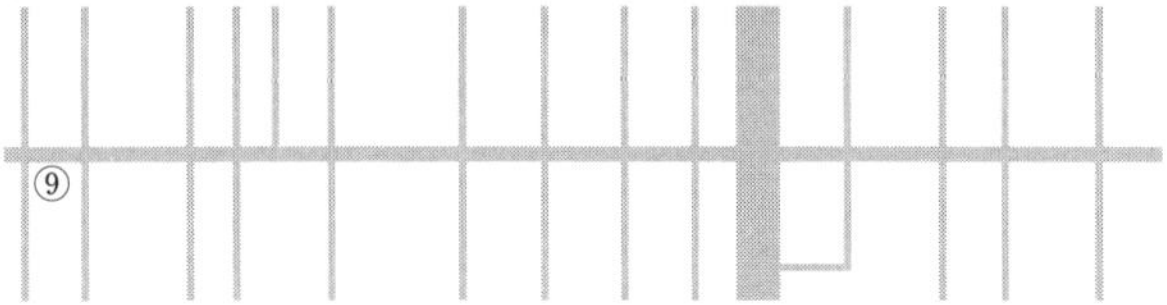

えますから、のんびりと歩くには最適かもしれません。

堀川通を突っ切っても、姉小路通はほぼまっすぐ西へ延びています。取り立てて名所と呼ぶべき見どころもなく、淡々と西へ続く通りを歩いていくと、伸びやかな公園が左手に見えてきます。ここは『⑨姉坊城児童公園』と呼ばれる公園です。以前はここに京都市電が保存され、児童館になっていて子どもたちの人気を集めていたのですが、老朽化に伴って二〇〇〇年の春に解体されてしまいました。今もこの公園を通りかかると、

―むかしはここに市電があったんやで―

と、懐かしそうにお孫さんに語りかけるお年寄りの姿を見かけます。

僕が子どものころは、京都の街を縦横無尽に市電が走っていて、どこへ行くにも市電を活用したものです。この公園を通りかかると、昭和は遠くなりにけり、を実感します。

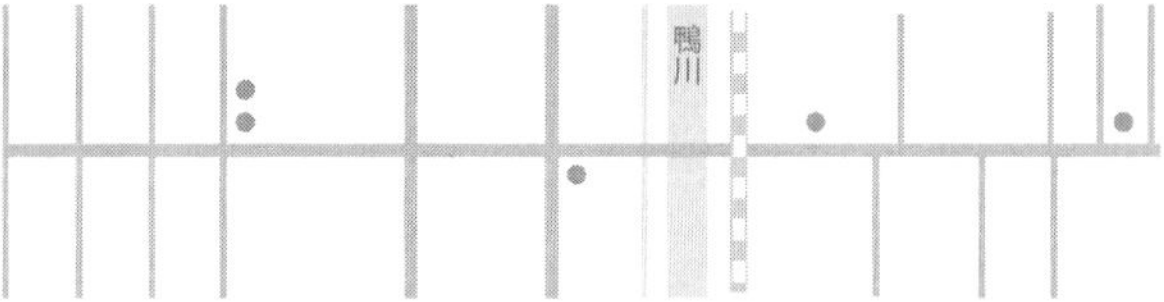

三《さん》条《じょう》通《どおり》

いよいよ三条通です。今でこそメインストリートとは呼べない通りになりましたが、古くは東海道に連なる、京都随一の大路でした。

その東の起点ですが、いくつかの説に分かれます。ひとつは東山を東に越えて、四ノ宮の東、名神高速道路の京都東インターへ続く辺り、〈旧東海道車石〉の道標があるところまでという説。もうひとつは川端通を起点とする説。後者は川端通から東は東海道と呼ぶようで、このふたつの説は、歴史解釈の違いから生まれたものと聞きます。

しかしながら西の端は嵐山の渡月橋《とげつきょう》辺りまで、ということで両者の意見は一致しています。前者にしたがえば、直線で結んでも全長は十五キロほどになりますし、後者でしたら九キロ弱です。いずれにしても長い通りですね。

通り歩きとしてなら、平安京の三条大路にならって、川端通から天神川三条辺りま

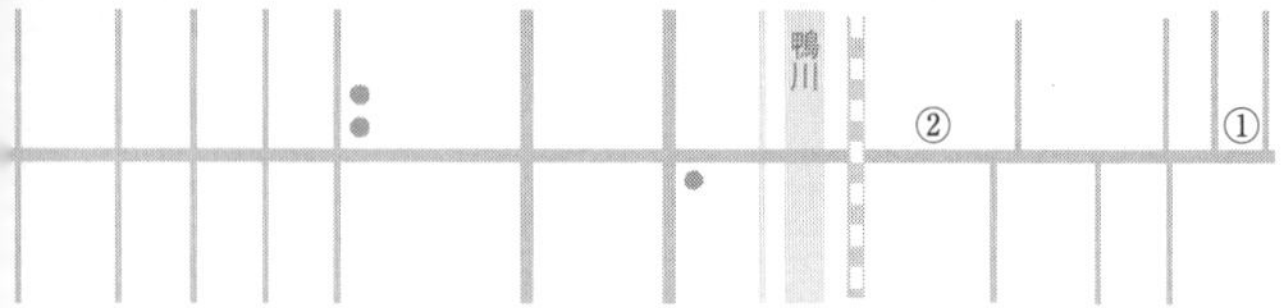

で、と言いたいところですが、千本通より西はあまり見どころもありませんので、千本三条までの三キロ弱としましょう。

とは言え、川端通から東にも外せないお店がありますので、少しだけ先にご紹介しておきましょう。

辻留でお弁当、篠田屋でカツカレー

まずは川端三条を東に歩き、花見小路通を越えたところの北側にある『辻留』①です。こちらは裏千家御用達の茶懐石のお店で、客席を持たない出張料理専門店です。となると旅行者には無縁かと思われますが、懐石料理のエッセンスとも言える、お弁当という手があるのです。お花見に、紅葉狩りにとお弁当を携《たずさ》えて出向くのは最高の贅沢です。事前に予約さえすれば、ひと折からでも作ってもらえます。取りに行って、店の佇まいを拝見するだけでも、その伝統は充分に伝わってきます。

もう一軒は川端三条を東に歩いてすぐ、左手北側に建つ『篠田屋』②という食堂です。その佇まいから、料理から、値段から、すべてが昭和の香りを色濃く残すお店ですが、一番の名物料理は〈皿盛り〉。言わば和風カツカレーライスといったところです。カレーうどんのカレー餡を薄味にしたような餡が、なんとも美味しいのです。あっさりとした味わいなので、若い人には物足りないかもしれません。そんなときは〈中華そば〉を追加しましょう。こちらもまた、今どきの濃い味のラーメンと違って、和風仕立てのあっさり味。どちらも安くて美味しいのが嬉しいですね。

東海道五十三次の終点・三条大橋

では、東海道五十三次の終点とも言える三条大橋から歩きはじめます。

鴨川に架かる橋のなかで、最も風情あるのはこの三条大橋でしょう。何しろ幕末の動乱、池田屋事件の際についたとされる刀疵《かたなきず》が擬宝珠《ぎぼし》に残っているというのですから。

橋の北側と南側の両方にありますが、南側のほうが見やすいかもしれません。西側から数えて二番目の擬宝珠をよく見てみましょう。それらしき痕がお分かりになるかと思います。

刀疵をご覧いただいたら、そのまま南側の歩道を西のたもとまで戻りましょう。〈東

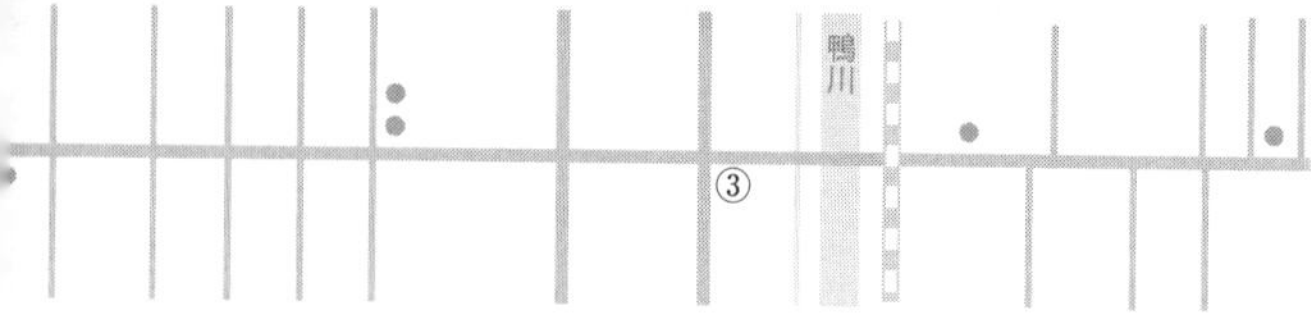

海道中膝栗毛〉でおなじみの弥次さん喜多さんのひょうきんな像が並んでいます。
　東海道五十三次の最後の宿場がこの三条大橋です。
　誰もが一度は読んだことのある旅日記ですが、どんな話だったのか細かくは覚えていないというのが正直なところではないでしょうか。出版当時は大変な人気を呼び、続編まで出されたと言いますから、今で言うベストセラー本ですね。画家でもあった作者の十返舎一九《じっぺんしゃいっく》は現地取材を行なって書いたようですが、残念なことに京都を訪れることはなかったようです。

豊臣秀次の悲劇

　ふたりの像がある斜め向かいにはお寺の裏の塀が続いています。『③慈舟山《じしゅうさん》瑞泉寺』というお寺で、入口となる山門は木屋町通にあるので、ぐるりと回ってみましょう。

　山門の横に〈前関白従一位　豊臣秀次公之墓〉と彫られた石碑が立っていますが、実はこのお寺は秀次にまつわる悲話を後世に伝えるために建てられたものなのです。

　四百年ほども前のことです。秀吉の養子となり、二代目の関白太政大臣となった秀次ですが、様々な思惑や策略に翻弄《ほんろう》されて、謀反の罪を着せられた結果、高野山で切腹させられます。更にはその首を三条河原にさらされ、三十九名にも及ぶ一族がその前で処刑されたのです。それらの遺骸を穴に放り込んで、河原に塚が築かれ、その塚の上には秀次の首を納めた石櫃《いしびつ》が置かれました。つまりはみせしめですね。

かつて鴨川の河原は、今の河原町通辺りまであったようで、その塚のあったところに建てられたのが『慈舟山瑞泉寺』なのです。そしてこのお寺を建立したのは、高瀬川を開削した豪商、角倉了以だということも覚えておきたいものです。

『慈舟山瑞泉寺』は、日中は開山していますから、境内を自由に拝観できます。秀次一族の墓所や地蔵堂を拝観し、お賽銭を納めておきましょう。

木屋町三条の北西角には〈佐久間象山　大村益次郎遭難の碑〉が立っています。時代が明治に変わるころは、この近辺では多くの血が流されました。なかで最もよく知られているのは、ここから少し西に行った辺りで起こった〈池田屋騒動〉でしょう。

今ではおなじ名前の居酒屋になっていますが、かつてはこの場所に〈池田屋〉という旅館があり、討幕派の志士たちが謀議中に新選組に襲われ、双方十名近い死者を出した

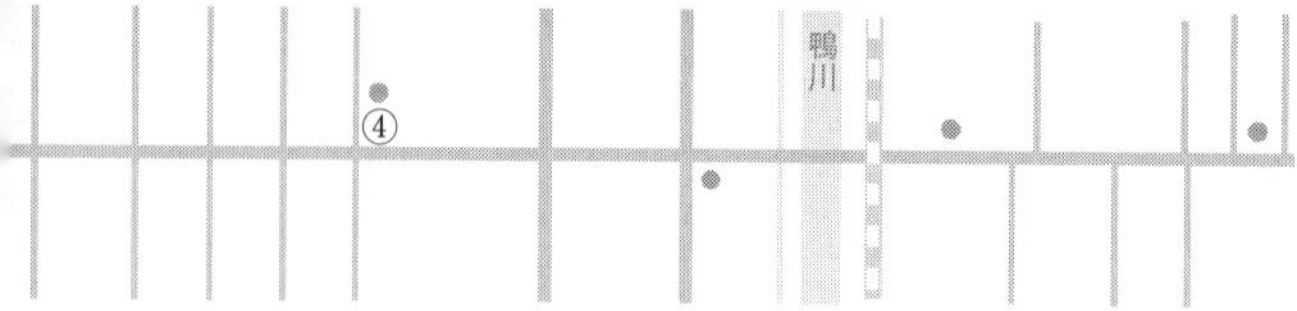

事件で、これをきっかけとして、倒幕の機運が高まったと言われています。

弥次さん喜多さんのように、のどかな珍道中を繰り広げる時代もあれば、まなじりを決したどうしが互いを傷つけあう時代もありました。それらを目の当たりにしてきたのが三条大橋であり、三条通なのです。京都の通りには必ず歴史があり、それには正もあれば負もあるということを通りが教えてくれます。

河原町通を越えると、寺町通までの三条通はアーケード街になります。アーケードは南北の通りである新京極通と寺町通の四条通まで続いていますので、ここから四条烏丸まで雨に濡れずに歩くことができます。もしくは河原町通や四条通もアーケードがありますし、四条通には地下通路もありますから、傘要らずの道はいくつもあります。

アーケード街の三条通を西に歩いて、ひと筋目が新京極通です。昔も今も修学旅行生たちで賑わう通りです。

たたら坂の謎と迎え鐘

三条通から南に折れる新京極通を見ると、ゆるやかな坂道になっていて、これは〈たらたら坂〉と呼ばれていますが、少しばかり不思議な坂なのです。

下り坂の光景を目に焼付けておいて、三条通を少し西に歩き、南に下る寺町通を見てみましょう。不思議なことにお気づきになりませんか？　さっきのような坂道ではなく、寺町通は平坦な道が南に続いているのです。

新京極通と寺町通は、わずか数十メートルも離れていません。なのに一方は下り坂で一方は平坦。子どものころからここを通る度、不思議に思ったものです。

そんな界隈、寺町三条を少し上ったところに小さなお寺があります。『矢田寺』④です。繁華街にありながら、京都以外の方にはあまり知られていませんが、盂蘭盆《うらぼん》のころには大いににぎわうお寺です。

盂蘭盆会に際して、ご先祖さまをお迎えするために〈迎え鐘〉を撞くのは、『建仁寺』の近くに建つ『六道珍皇寺《ろくどうちんのうじ》』ですが、ご先祖さまを彼岸へお送りするのに撞くのが、この『矢田寺』の迎え鐘なのです。

『矢田寺』と聞いて、大和郡山にあるお寺を思い浮かべる方も少なくないことと思います。とりわけお花の好きな方なら、〈あじさい寺〉という別名を持つほど、初夏には紫

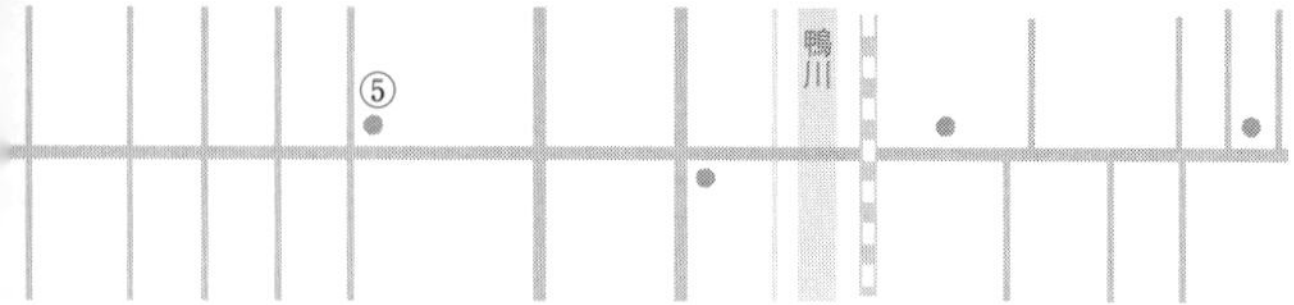

陽花の花が咲き乱れる『矢田寺』をお訪ねになったことがあるかもしれません。

三条寺町に建つ『矢田寺』は、その〈あじさい寺〉の別院として建立されたのが始まりで、天生七年に今の場所に移転してきたのです。

交番と食堂にはさまれた、狭い間口のお寺には提灯がぶら下がり、右端には石碑が立っていて、どちらも〈矢田地蔵尊〉と書かれています。

街なかのお寺ですから境内と呼べるような広さはなく、中にはいるとすぐにお堂に行き当たります。その両側の柱を見てみましょう。

吊るされた立て札の右側には〈送り鐘〉、左側には〈代受苦地蔵尊〉と書かれています。〈送り鐘〉のことは先に書きましたが、後者は読んで字のごとく、です。こちらのお寺のお地蔵さまは、代わりに苦を受けてくださるのです。なんともありがたいことではありませんか。是非お参りしておきましょう。

その北隣にある⑤『常盤《ときわ》』は、先に書いた『篠田屋』と同じく、昭和の香りが残る食堂です。場所柄外国人のお客さんも多く、英語のメニューもちゃんと備えてあります。こういう食堂が京都にはたくさんあったのですが、年々その姿を消し、今では貴重な存在になってしまいました。今風のカフェや、高級割烹、スイーツばかりに目を向けていると、本当の京都の姿を映しだすお店がなくなってしまうのではと危惧しています。ぜひこの明治十一年創業という『常盤』にも足を運んで、名物の〈ビフカツ丼〉や〈ぜんざい〉を味わってみてください。これが本来の京都の味なんです。

寺町通から西の三条通にはアーケードがありません。雨には濡れてしまいますが、空が広くなったように感じられて、開放感もあります。一長一短ですね。この辺りから烏丸通近辺までは、小粋なブティックが点在し、古い洋館も残っていて、レトロモダンな空気が漂っています。

麩屋町通を越えてすぐ、ビルの外階段に隠れるようにして置かれているのが〈弁慶石〉です。この界隈に住んでいた弁慶がこよなく愛していたと言われています。この石は弁慶が最期を迎えた奥州高館にいったん移送されたのですが、石自らが「三条京極に戻りたい」と言い、そのころから高館で熱病が流行したため、また京都に戻されたと言われています。

この石を撫でると、強い男の子になるとも伝わり、丈夫な男の子を出産したいと願う

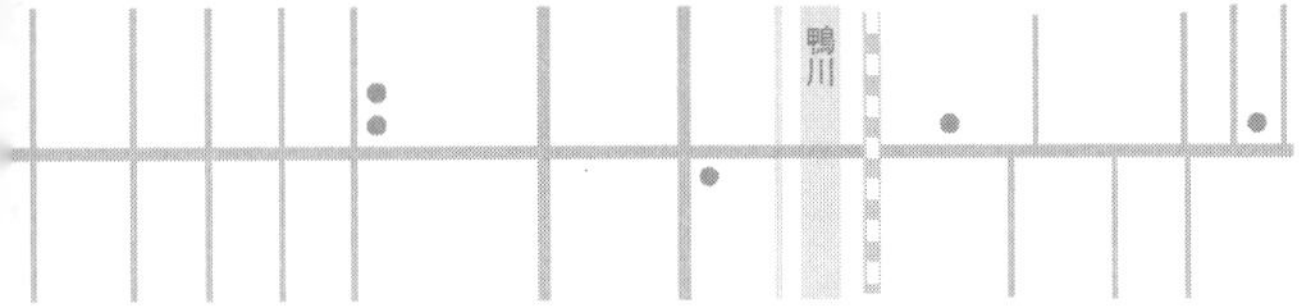

母親が撫でさする姿もしばしば見かけます。

西に歩き、柳馬場通を越えると左手南側に『イノダコーヒ三条支店』[6]が見えてきます。屋号が示すとおり、コーヒーの美味しさで広く知られるお店ですが、トーストもお奨めです。〈ハムトースト〉と〈アラビアの真珠〉と呼ばれるコーヒーの相性は抜群です。今や京都を代表するコーヒーショップですが、店名はコーヒーではなく〈コーヒ〉ですからお間違えなきよう。

洋館巡り

高倉通を越えてすぐ、北側に建つ『京都文化博物館』[7]の隅っこに〈三条通歴史的建造物案内〉パネルがありますので、洋館巡りをされたい方は、先にこれをご覧になってから歩かれてもいいと思います。

烏丸三条の東南角に建つ『京都銀行』[8]の隅には〈京都市道路元標〉と刻まれた石碑が立っています。大正時代に法令に基づいて設置されたものだそうですが、元は三条大橋のたもとにあったという説もあり、詳細は不明です。ただ、下のほうが変色しています

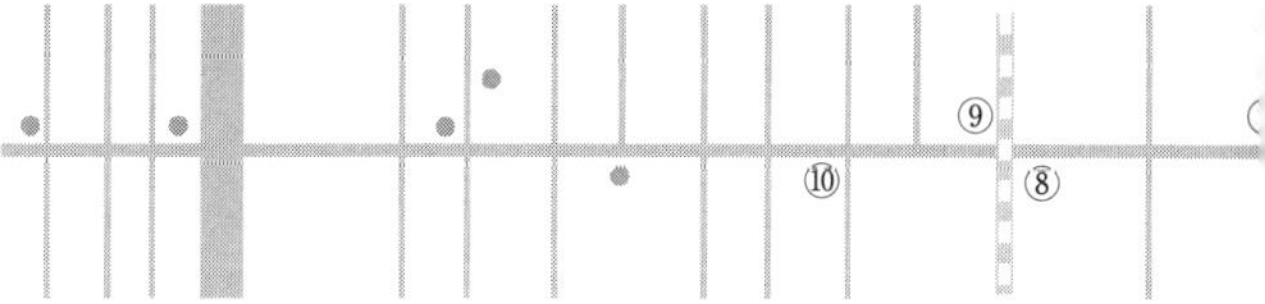

から、埋め替えられたのは間違いないようです。

烏丸通を西にわたりますと、ビジネス街の様相を呈してきますが、西北角に建つ『[9]大垣書店』を覗いてみましょう。京都に数少なくなった大型の路面書店ですが、天井も高く開放的な雰囲気なので、ゆっくりと本選びができます。京都本コーナーも充実していますので、ガイドブックを求めるのにも最適です。

鷹山《たかやま》カレー

西へ歩き、室町通を越えた辺りから芳しい香りが漂ってきます。カレーの匂いです。匂いの元を捜しながら歩くと『[10]ガーネッシュ』という店にたどり着きます。最近人気急上昇中のカレー専門店です。京都とカレー。意外に思われるかもしれませんが、その結びつきはかなり強固です。

京都と言えば和食。京料理やおばんざいなど、あっさりした料理が多いので、ときどき刺激が欲しくなるのでしょう。香りも辛味も強いカレーが好まれます。

この店のカレーも芳ばしい香りが特徴ですが、加えて地元とつながりが強いメニュー

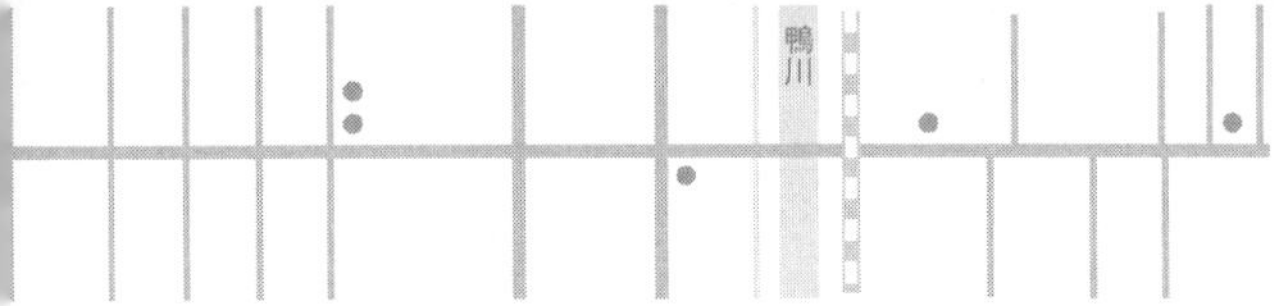

があることでも人気を呼んでいます。それが〈鷹山カレー〉。祇園祭の〈休み山〉になっている〈鷹山〉復帰への願いを込めたカレーで、ヒレカツの載ったカレーに卵の黄身とメレンゲがトッピングされ、混ぜて食べると、これまでにない食感のカレーを愉しむことができます。是非一度お試しください。

了頓図子

カレー屋さんを越えて西に歩くと、左手に細道が見えてきます。衣棚通という通り名が付いていますが、車も通れないほどの細い道を、京都の人は〈了頓《りょうとん》図子《ずし》〉と呼んでいます。

この通りのように、車も通れない細い道のことを、一般には路地と呼んでいますが、正確に言うと、通り抜けできず行き止まりになっている道を路地と呼び、通り抜けできる道は図子（辻子）と呼びます。ここは通り抜けできるので、路地ではなく図子。更にその上に〈了頓〉と付いているのは、実は人名なのです。

足利家の末裔だった廣野了頓という人がこの辺りに屋敷を構えていました。了頓は秀

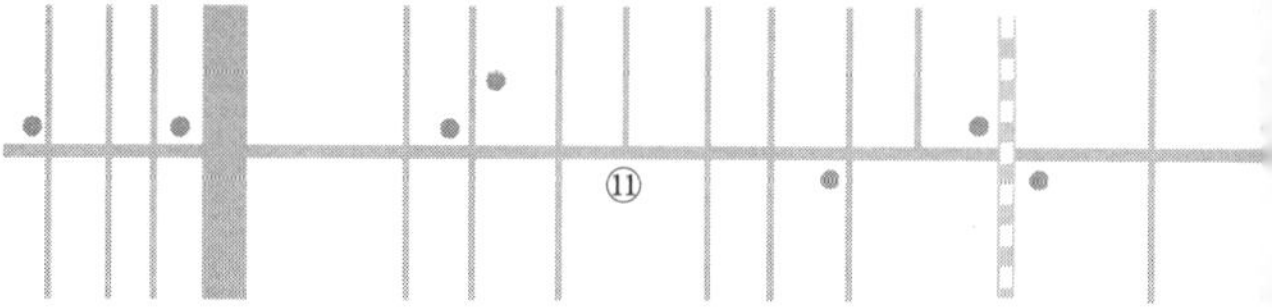

吉や家康とも交流がありましたが、茶人としても知られていて、茶道の普及に努めていました。やがて大路小路が整備され、この近辺にも道路を新設する必要が生じたのですが、了頓は自らの屋敷の表門と裏門を開放し、誰でも自由に敷地を通行できるようにしたと言います。それなら新たに道路を作らなくてもいいわけで、官民ともに大喜び。偉業をたたえて図子の名にし、加えて了頓図子町と、町名にもしたものが今に受け継がれているのです。

茶釜とうどん

この辺りから西の三条通は鄙《ひな》びた風情を漂わせはじめます。古い町家が点在し、昔ながらの理髪店や古本屋さんがあったりします。なかでもひときわ立派なお屋敷ふうの玄関が見えてきて、小屋根の下には〈御釜師〉と書かれた看板が掛かっています。ここは『⑪大西清右衛門美術館』といって、千家十職のひとつに数えられる茶の湯釜師の作品を展示する美術館です。

立派なビルのなかに展示室や茶室があり、茶の湯文化の一端を垣間見ることができます。通り歩きの立ち寄りスポットとして恰好の施設かと思います。

西洞院通を越えて、小川通を少し北に上がると、右手東側に小さな鳥居が見えてきます。額束を見ると『幾世稲荷大明神』[12]と書かれています。

京都の街なかを歩いていると、しばしばこうした小さな社《やしろ》に出会います。応仁時代に建立され、明治六年にこの地に鎮座したようで、石の鳥居には大正十年と彫られていますから、そのころからこんな光景だったのでしょう。いかにも地元の人に愛されている神社らしい佇まいです。

地元の人に愛されているといえば、この社のすぐ近くに建つ『更科《さらしな》』[13]というお店も同じくです。狭い間口に暖簾が掛かる、典型的な京都のおうどん屋さんですが、何を食べても安くて美味しいので、よく足を運びます。

最近は京都のおうどんも人気があると見えて、行列ができる店や、セレブ御用達の高級店などがしばしば話題になりますが、驚くほど高価だったり、長時間待たないと食べられなかったりします。そんなお店とは正反対に、小さなお店なのにいつも空いていて、驚くほど安い値段で美味しいおうどんや丼が食べられます。わざわざ出かけても決

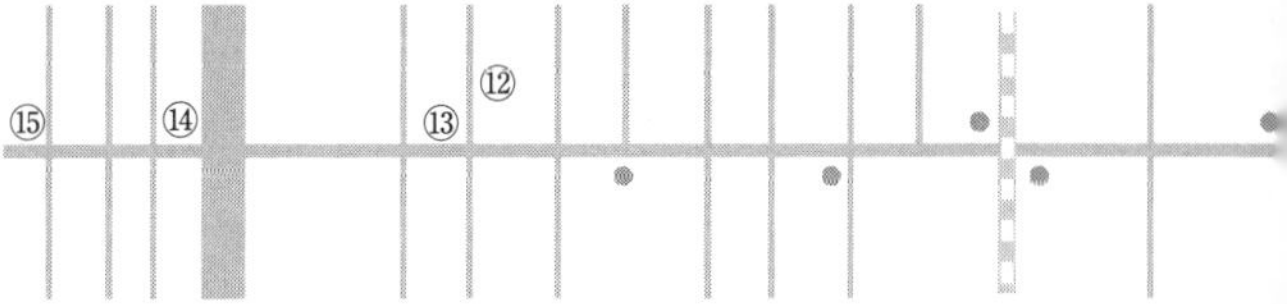

して後悔しないお店ですから、是非一度暖簾をくぐってみてください。

三条会商店街のアーケード

堀川通を越えると、三条通はまたアーケード街になります。ここは『三条会商店街』⑭といって、大正三年に発足した歴史ある商店街です。堀川通から千本通までおよそ八百メートルにも及ぶ商店街は、とあるマラソンランナーが練習に使ったと言われています。新旧織り交ぜてさまざまな業種の店が並び、歩いているだけでも愉しい道です。

この商店街の中ほどに『又旅社』⑮とも『御供《ごくう》社』とも呼ばれる神社が建っていますが、ここは祇園の『八坂神社』の境外摂社です。

御池通の『神泉苑』のところでお話ししたように、祇園祭発祥の地ともいえる『神泉苑』の南端がこの辺りだったことからお社が建てられました。

七月二十四日には祇園祭の還幸祭が行なわれますが、三基のお神輿《みこし》がこの社の前に奉安され、神饌を供える奉饌祭が行なわれています。千二百年近くのときを経ても、変わることなく神事が行なわれるというあたりが、京都の京都たる由縁なのでしょう。

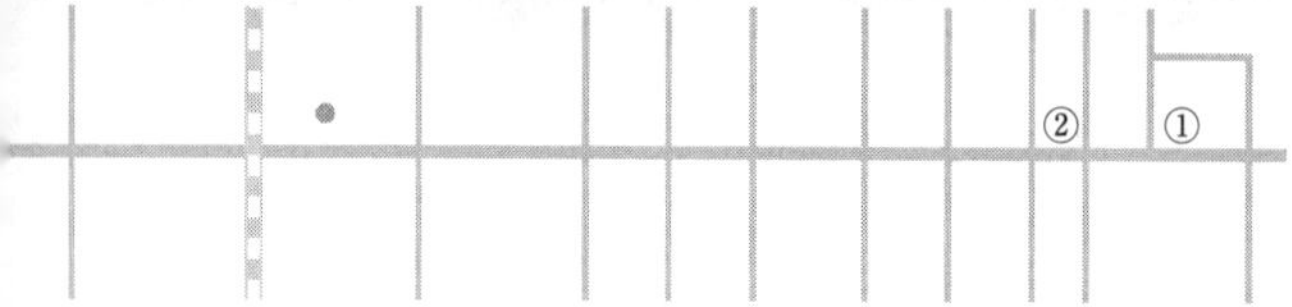

六《ろっ》角《かく》通《どおり》

六角通は平安京の六角小路にあたる古い通りです。東は新京極通近辺から、西は佐井通辺りまで、ざっと三キロほどの長さです。

東の端から歩きはじめましょう。スタート地点に建っているのは『誓願寺』①という浄土宗のお寺です。その歴史は古く飛鳥時代に遡り、天皇の勅願によって奈良で創建されました。そののち鎌倉時代になって京都は一条小川に移転します。その場所には〈元誓願寺〉という地名が残っているのですが、秀吉が寺を集めて寺町通を作った天正時代に現在地に移ってきたようです。

まずは山門の外、北側に立っている石柱をよく見てみてください。正面に〈迷子みちしるべ〉、右側に〈教しゆる方〉、左側には〈さがす方〉と刻まれています。

迷子や失せ物を拾ったり見つけた人は右側に、捜している人は左側に貼り紙をして目印としたのです。この石柱は〈月下氷人石〉とも呼ばれ、つまりは縁結びの役割を果たすものでした。京都市内では他に『八坂神社』や『北野天満宮』にも残されています。警察などがなかったころの、奥ゆかしい先人の知恵ですね。

ご本尊の阿弥陀如来像は、〈丈六〉と呼ばれる大きさで、一丈六尺、すなわち五メートル弱という大きな仏像です。お寺が建立された当時のものは焼失してしまっていて、現在の仏像は明治二年に『石清水八幡宮』から移安されてきたものだそうです。

伊藤組紐店

三角形の広場を通り抜け、西に歩くと通りの両側にさまざまなお店が並んでいます。最初に目に入ってくるのは、寺町通を越えてすぐ北側にある[2]『伊藤組紐店』です。

組紐《くみひも》といって、どんな紐を思い浮かべるでしょう。まったく頭に浮かばないかたもおられるかもしれませんね。日常生活で目にする機会は減ってきていますから。

紐といってもいろんな種類があります。お店のかたのお話では、大きく三つに分けられるそうです。

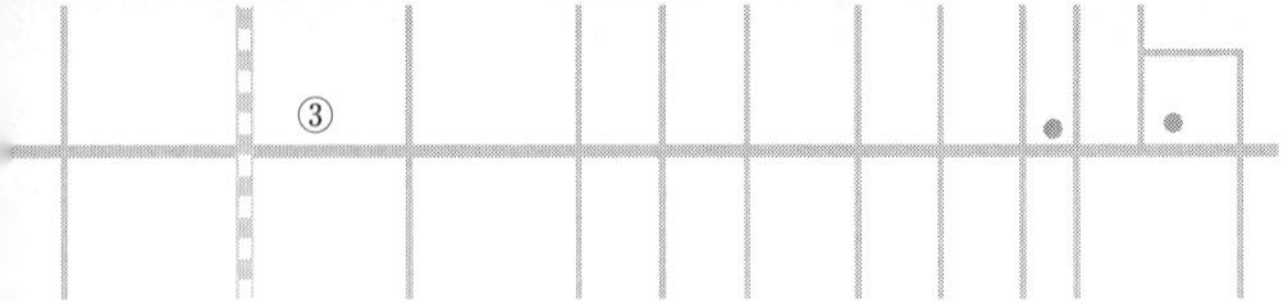

何十本もの糸を合わせ、その束を玉に巻いて、斜めに交差させながら組んでいくものを〈組紐〉と呼び、縦の糸と横の糸を直角に合わせて織るのが〈織紐〉、糸の束を撚《よ》り合わせたものが〈撚紐〉。この三種類です。

これら三種の紐はそれぞれ、用途に応じて使い分けるようですが、話が長くなりますから、詳しいことはお店のかたに訊ねてみてください。いっぷう変わった京土産にもなりますし、暮らしのなかに紐を取り入れてみるのも愉しそうです。

桜が咲き競う華道の総本山・六角堂

そして烏丸通に出る手前の右側に築地塀が長く続き、通りの名前の由来ともなっている[3]『六角堂頂法寺』の山門が見えてきます。

聖徳太子は、如意輪観音の像を念持仏としていたのですが、『四天王寺』を建立するための材木を捜し求めて、京都にやってきました。聖徳太子はこれに先立ち、池で身を清めようとして、念持仏を池の端に植えられていた木にぶらさげると、まったく動かなくなったというのです。更には、この地にとどまって人々を救いたいと聖徳太子に申し出たことから、六角形のお堂を建てて安置したと伝わっています。そのお堂の形から、京都の人たちから〈六角さん〉と呼び親しまれるようになり、それが通りの名前になったというわけです。

山門をくぐってお寺のなかに入るとおもしろいものが目に入ります。〈へそ石〉と名付けられた六角形の石です。この石には不思議な言い伝えがあって、それは桓武天皇が平安京を定めたときのことです。

この場所に通りを作ろうとしたところ、この石が道のまん中にあって邪魔になっていました。そこで桓武天皇が祈願すると、石は数メートルほど動いて道端に移ったというのです。そしてそこがちょうど京都のまん中になるので〈へそ石〉と名付けたと言われているのです。

そしてこの『六角堂頂法寺』にはもうひとつ、華道の総本山という顔があります。言わずと知れた〈池坊〉の池とは、先に書いた聖徳太子が沐浴したという、あの池のことなのです。当寺の僧侶の住坊を池坊と呼んでいたことから名付けた流派名だそうで、住職が華道の家元となったのが、すべてのはじまりなのです。華道ゆかりのお寺だけあっ

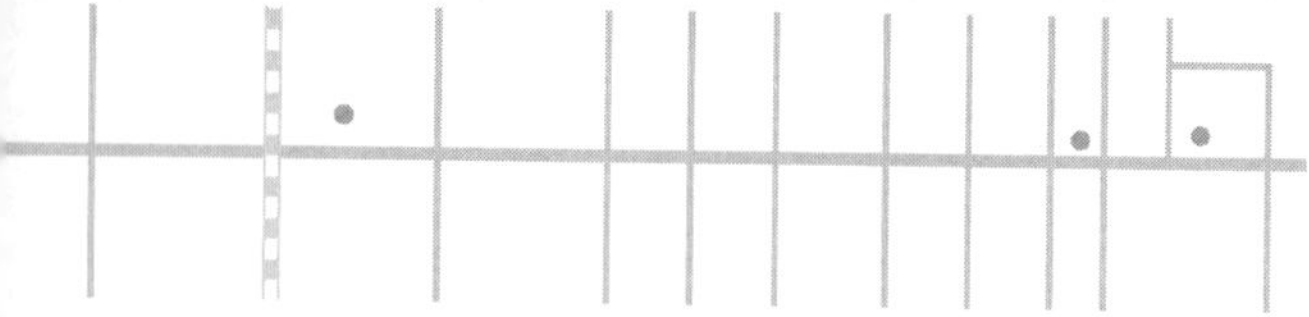

て、春にはみごとな桜が咲き競います。

　と、ここから先、烏丸通、堀川通を越えて、大宮通辺りまでは、取り立てて見るべきところはほとんどありません。スルーしてしまいましょう。

龍馬ゆかりの神社

　さて大宮六角から西に歩くとクランク状に道がずれています。この辺りにはかつて『[4]六角獄舎』と呼ばれる牢獄がありました。

　正式名を『三条新地牢屋敷』といい、最大の特色は十八畳敷きの〈切《きり》支《し》丹《たん》牢〉があったことです。

　そしてもうひとつ特筆すべきは、ここは当時ではめずらしい医学者、山脇東洋が日本で初めて、死体解剖を行った場所だということです。安政の大獄からのちには、尊王攘夷派の志士たちが多く投獄され、そのなかには幕末のキーパーソンと呼ぶべき人物も少なくありませんでした。そのひとりが、坂本龍馬の妻である、おりょうの父、楢崎《ならざき》将《しょう》作《さく》でした。

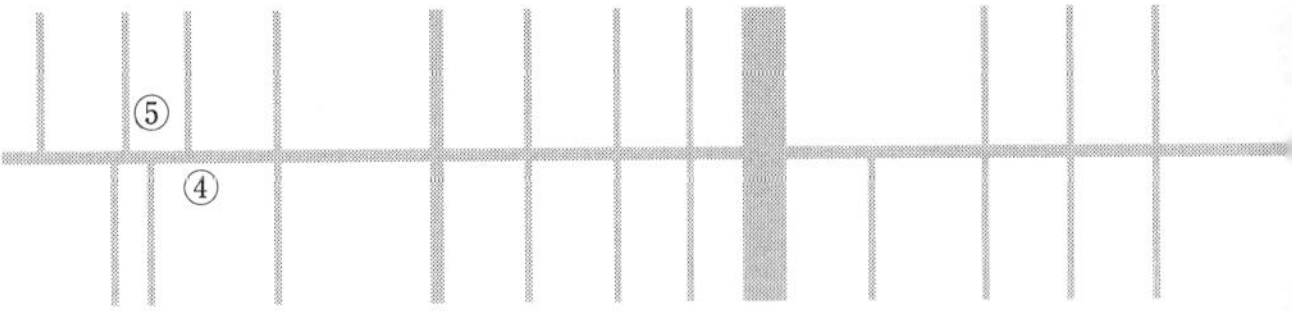

その龍馬ゆかりの神社がすぐ近くにあります。『武信稲荷神社』⑤がそれです。

この神社のシンボル的存在である大きな榎《えのき》の木に、龍馬、おりょうさん、そして楢崎将作、三人のエピソードが残されているのです。

ご神木でもあるこの榎は、なんと樹齢八百五十年を数えるそうです。平安時代の末期に、平重盛が宮島にある『厳島神社』から苗木を移したものだと伝わっています。

ですから当然のこととして、幕末の動乱の際もここに植わっていて、大木だったことから木に登れば辺りを見下ろすこともできたわけです。

囚われの身となった、おりょうの父である楢崎将作の身を案じた龍馬はこの木に登り、獄舎のなかを覗き見ていたといいます。きっと後を追いかけてくるだろうおりょうへの目印として、龍馬は木の幹に〈龍〉の一文字を彫ったと伝わっています。

この目印によって、おりょうは龍馬が京の街に居て、無事であることを確信し、それがのちの再会へとつながったということから、この木は縁結びのご利益があるとされています。

平安時代の初期に創祀され、のちに藤原武信が篤く信仰したことから、神社にその名が付いたと言われている、由緒正しき神社が、商店街の傍らにひっそりと佇んでいるのも、いかにも京都らしい光景だと思います。

ここから西、斜めに走る後院通に行き当たった六角通はいったんその姿を消し、ふたたび現れるのは御前通に近い『朱雀中学校』からです。西の端になる佐井通まで、この辺りも早く衰退してしまった右京ですから、めぼしい遺跡や社寺などもほとんど見当たりません。

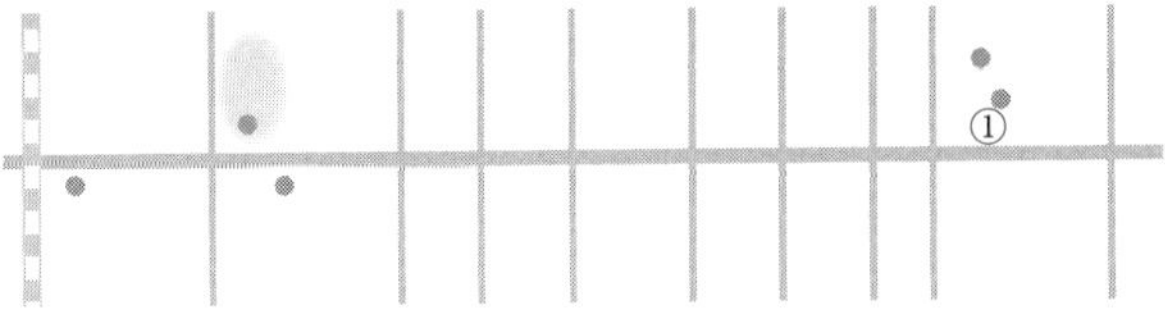

蛸薬師通

六角通と同じく、この蛸薬師通もお寺の名を由来としています。

蛸薬師は京都だけでなく、日本各地に伝わる伝承信仰で、広く知られているのは東京の『成就院』と京都の①『永福寺』です。

その『永福寺』が蛸薬師通の東の端ですが、蛸薬師通としては、河原町通から、六角通と同じく佐井通近くまで、全長は三・五キロほどの通りです。

歩きはじめの河原町蛸薬師を少し南に下がった西側の歩道に〈近江屋跡〉の駒札が立っていて、傍らには〈坂本龍馬・中岡慎太郎遭難之地碑〉と刻まれた石碑が立っています。

この界隈の通り歩きをして、幾度その名前が出てきたでしょう。坂本龍馬はここで最期のときを迎えたのです。

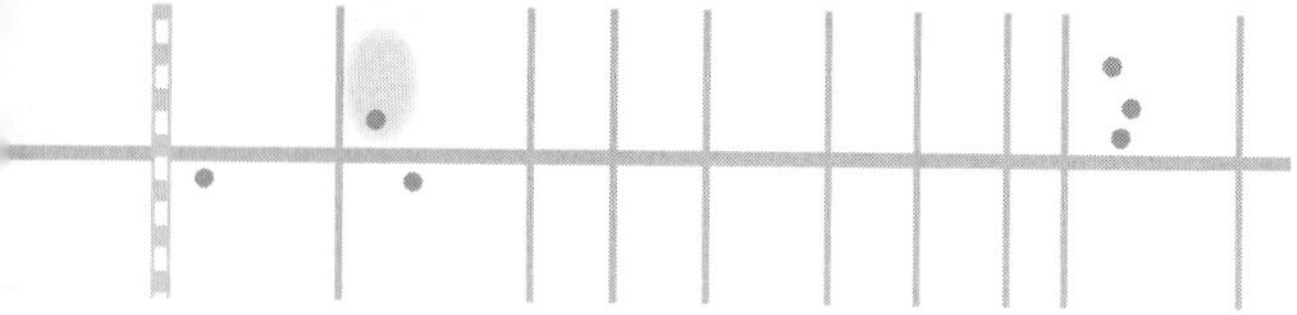

土佐藩氏たちの基地的役割を果たしていた『近江屋』という醤油屋さんにかくまわれていた龍馬たちは、ここで襲撃に遭って暗殺されてしまいます。その実行犯については諸説が入り乱れていて、いまだに謎とされています。それほど討幕派には敵が多かったということなのでしょう。

そんな血なまぐさい事件があった場所とは思えないほど、多くの通行人が行き交う界隈です。

永福寺の蛸

蛸薬師通を西に歩き、突き当たった新京極通を少し北に行くと『永福寺』の門前に出ます。

平安時代の終わりごろ、この近くに林秀というお金持ちが住んでいました。林秀さんは信心深い人で、『延暦寺』の薬師如来さまを深く信仰し、長く月参りを続けていたそうです。

しかし寄る年波には勝てず、足腰が弱ってきた林秀さんは、月参りが困難になってきたため、薬師如来さまに、あるお願いをします。それは薬師如来さまを一体授けてもらえないだろうかという話。ふつうに考えれば無茶な願いなのですが、篤い信仰心のおかげなのでしょうか、夢枕に薬師如来さまがお立ちになって、こうおっしゃいました。

―ずっと昔に、最澄という僧侶がわたしの姿を彫って、それを比叡山に埋めてあるはずだから、よかったら持って帰りなさい―

なんと、ただの薬師如来さまというだけでなく、あの最澄が彫ったものだというのですから、欣喜雀躍《きんきじやくやく》した林秀さんは、お伴の者を連れて比叡山に登り、教えられた場所を掘り返すと、言葉どおり薬師如来さまが出てきたのです。それを持ち帰った林秀さんが、お堂を建ててご本尊としたのがこのお寺のはじまりと言われています。

では、その薬師如来さまに、なぜ蛸がくっついたのかという話をしましょう。

林秀が建てたお堂が世間に知られるようになったころ、善光という僧侶が病弱の母を伴って、このお堂に身を寄せることになります。

年老いた母は日々弱っていくいっぽうで、幾度も重い病気に罹《かか》ります。そのたびに看病を続けてきた善光ですが、あるとき食欲をもなくしてしまった母に訊ねます。

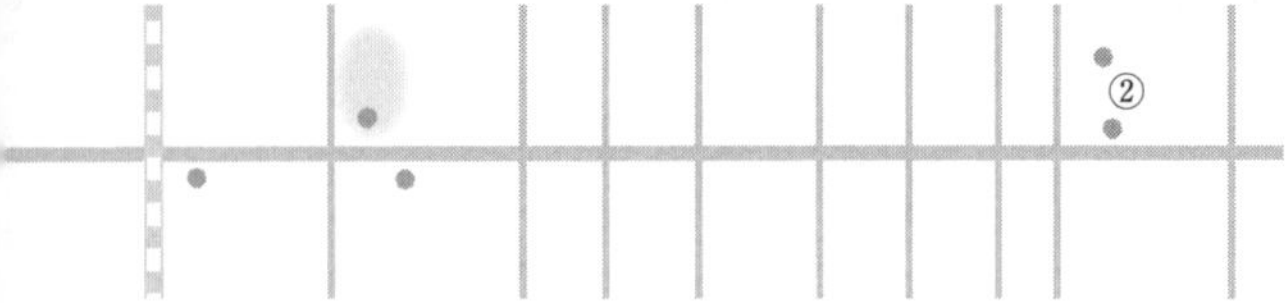

―何か食べたいものがあれば言ってください。なんとかして手に入れてきますから―

これに対しての母の答は意外なものでした。

―蛸を食べたい―

何よりも精進潔斎《しょうじんけっさい》を重んじる僧侶にとって、蛸を食べるなどとんでもないことですが、親孝行な善光は、遠くの魚屋まで出向き、蛸を買うことに成功します。そしてなんとか箱ごと持ち帰ってきたところで、箱の中身を怪しんだ近所の街衆にとがめられます。

―何やら生臭い匂いがする。なかに何が入っているのか見せてみなさい―

しまったと思ってもあとの祭。僧侶という立場上、ごまかすこともうそをつくこともできません。覚悟を決めた善光は町衆の目の前で箱のふたを開けました。

するとどうでしょう。蛸が入っているはずが、八巻の経巻に変わっていたのです。

さらにその経巻は母親の前で光を放ちます。霊光を浴びた善光の母は、病《やまい》も癒え、一気に元気を取り戻したそうです。

『永福寺』には蛸の姿をした〈なで薬師〉と呼ばれる木像が安置されていて、これを撫

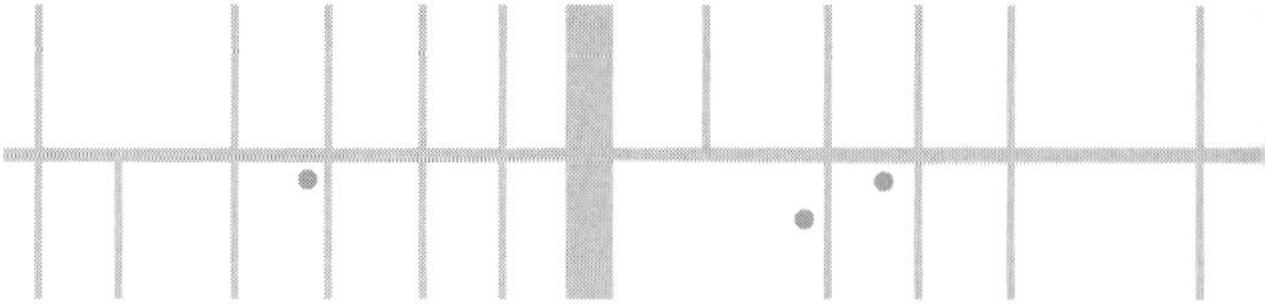

でるとすべての病が癒されるという、ありがたいご利益があるそうです。具合の悪いところがあるかたはしっかり撫でておきましょう。

さて、通りの名前の由来となった〈蛸薬師〉については、ざっとお分かりいただけたかと思います。京都に住む者なら必ずその名を聞いたことがあるはずですが、では〈寅薬師〉はどうでしょう。京都人でもほとんどの方がご存じないのでは。せっかくですから〈寅薬師〉さまにもご挨拶しておきましょう。

西光寺の寅

『永福寺』の北側にある靴屋さんの、すぐ北に狭い入口があり、『寅薬師西光寺』[2]と書かれているのですが、目立たない構えなので、たいていは見過ごして通り過ぎてしまいます。かく言う僕も長年このお寺には気付きませんでした。

元々は宮中の持仏で、歴代天皇が信仰したという薬師如来さまは、なんと弘法大師が刻んだものだと伝わっているのです。『永福寺』の最澄に対して、ここ『西光寺』は空海だというのですから、なんとも豪華な顔ぶれではありませんか。

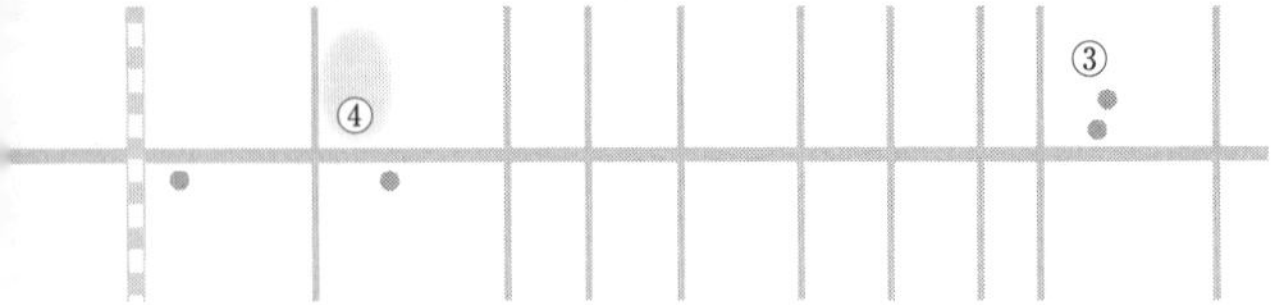

そしてその寅の由来ですが、こちらは生きものとは関係ありません。弘法大師が一心不乱に薬師如来を刻み、ようやく完成したのが寅の日の寅の刻だったことから、寅薬師と呼ばれるようになったそうです。観光寺院ではありませんので、拝観できるかどうかは、その時々です。運が良ければお大師さまの手になる薬師如来さまを拝むことができます。

初代住職は和泉式部

そして『西光寺』の数軒ほど北にも、お店のあいだに埋もれるようにして建つ小さな山門が見えます。ここは『誠心院』③というお寺で、ここの初代住職は、あの和泉式部だそうです。

万寿四年の創建ですから、千年近い歴史を持つ寺ですが、じつは創建以来幾たびも焼失や移転を繰り返し、荒廃を極めた寺門です。多くの尽力によって百年ほど前にお堂が建てられ、二十年ほど前には山門も建てられました。

境内には〈和泉式部縁起絵巻〉をパネルにして展示してあり、歌碑や観音像なども間近に見ることができます。

―あらざらむ　この世のほかの　思ひ出に　今ひとたびの　逢ふこともがな―

百人一首に選ばれた和泉式部の歌そのままに、波乱万丈の人生を送った歌人の供養塔も立っています。恋多き女性なればこその、すぐれた歌をあらためて味わうには恰好のお寺だろうと思います。

蛸薬師通を歩こうとして、わずか数十メートルの距離に、最澄、空海、和泉式部という名だたる人々ゆかりの寺がひっそりと佇んでいるのですから、京都という街はすごいところなのだということに感じ入るばかりです。

さて、蛸薬師通を西に向かって歩くと、たくさんの商店が並んでいますが、取り立てて名所と呼べるようなところはしばらくありません。

街角のアート・ラヂオ塔

東洞院通の東北角にある『④御射山公園《みさやま》』に立ち寄ってみましょう。ちょっと珍しいものが見られます。と、その前に御射山、という公園の名前が少し気になりますね。平坦

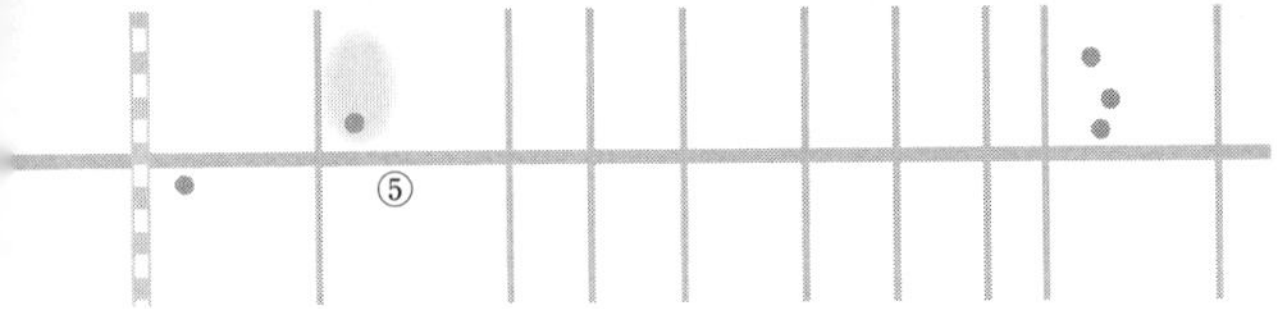

そのものの公園なのに、なぜ山という名前が付いているのか、と考えてすぐに思いつきました。

場所柄、祇園祭の山鉾ではないだろうか。そう思って少し調べてみますと、かつてこの辺りには〈諏訪社〉という神社があり、足利尊氏が篤く信仰していたといいます。そののち江戸時代になって〈御射山〉という山鉾を祇園祭に出したことを記念して、町名を御射山町と改めたそうです。そんな名前の山鉾がむかしはあったんですね。そして、その名残ともいえる公園には、ちょっと不思議な形をしたオブジェがあります。

今流行りの現代アートかと思いきや、これは〈ラヂオ塔〉と呼ばれているもので、昭和のはじめごろに、ＮＨＫがラジオ放送の普及を目的として、日本各地に街頭ラジオとして建てたものなのです。

京都市内には今も八つのラジオ塔が現存していて、もちろんその役目は果たせていませんが、街角アートのひとつとして、ひそかに人気を呼んでいます。

よく知られているところでは『円山公園』や『船岡山公園』にもあります。僕の時代はすでにラジオからテレビに移っていましたから、街頭ラジオではなく、街頭テレビでしたが、みんなで集まって同じものを見るという、不思議な一体感に昂揚《こうよう》したことを今も覚えています。

京都市内に現存するラヂオ塔のなかでも、この『御射山公園』のそれは図抜けて美しいデザインです。このラヂオ塔の前にはどんな人たちが集まり、どんな番組を聴いていたのでしょう。

京都で味わう中国茶・岩茶房

その『御射山公園』の向かいに『岩茶房』⑤というお茶屋さんがあります。

お茶といっても日本茶ではなく、中国茶のお店なのですが、ただの中国茶ではありません。

僕もこの店に行くまでは、その名前すら知りませんでしたが、〈岩茶〉という中国茶があるのです。

〈岩茶〉というのは、中国福建省の武夷山という山で生育されるものだそうで、岩のミネラル分を吸収して、豊かな香りと味に育ったウーロン茶のことを言うようです。

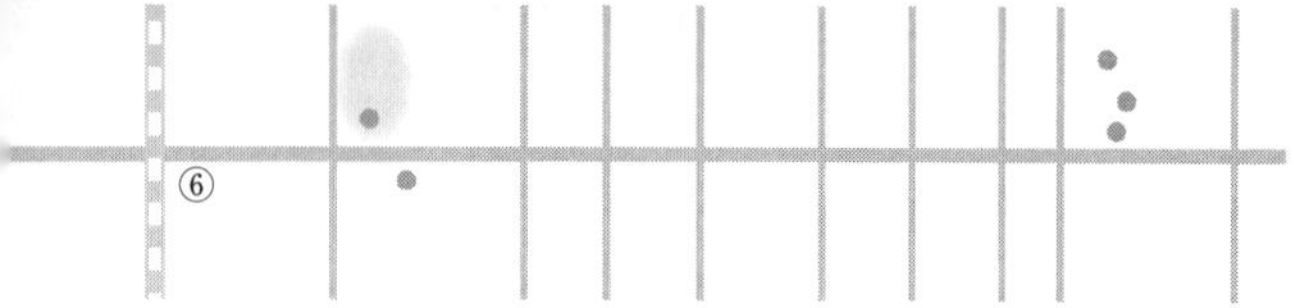

〈岩茶〉は唐の時代から、皇帝のお茶と呼ばれていて、中国でもごく一部でしか入手できない、とても生産量の少ない希少なお茶だそうです。

どんな味わいかをお店で確かめられる喫茶メニューもあって、お菓子と一緒に愉しめます。

アカシアで洋食ランチ

公園から少し西に歩くと、もう烏丸通が見えてきます。そしてその手前南側に『アカシア』⑥という喫茶店のようなレストランがあります。ここは近くの会社で働くビジネスマンのオアシス的存在です。

ランチタイムともなれば、大勢のお客さんで賑わいますが、少し時間を外せば、昔ながらの洋食ランチをのんびり味わえます。どこにでもあるようで、しかし年々こういうお店が減ってきています。

烏丸通を西にわたると、橋弁慶町や鯉山町といった祇園祭ゆかりの町名が目に入ります。七月ともなればこの界隈は祇園祭一色に染まります。

かつての京都を偲ぶ南蛮寺

そんな界隈を更に西へと歩を進め、北側に建つビルの壁面を注意深く見て行ってください。

目印は青い看板です。その下の壁に隠れるようにして、白い駒札と低い石碑が立っています。〈此付近南蛮寺跡〉と書かれているとおり、ここにはかつて〈南蛮寺〉と呼ばれる寺院が建っていたのです。

織田信長の庇護のもと、戦国末期の京都ではキリスト教の布教が本格化していました。数百人とも千人ともいわれる信者が集まり、宵山の日にミサが行われたといいます。

その記録が〈洛中洛外図屏風〉に残っていて、それによると三層楼閣風の木造建築だったようです。またルイス・フロイスの記録によると、建物のなかは百畳ほどの畳敷になっていたようで、日本の大工と職人が西洋の教会を真似て作ったということです。どんなお寺なのか見てみたかったですね。

京都らしい二階屋の町家を左右に眺めながら西へと歩き、新町通までくると行列のできている店があったりします。最近の京都ではよく見かけるようになりましたが、つい十年ほど前まではまったくあり得なかったことです。

何かものを食べるために行列をつくるのは、はしたないことだ。僕はそう言われて育ってきましたし、多くの京都の人たちは同じだと思います。席が埋まっていれば、近隣に迷惑を掛けないためにも、少し時間を置くか、もしくは他の店に行く。それが当たり前だと思っている都人には、とても奇異な光景に映るのですが、どうやらよそから来られた方々にとっては、その店でなければならないようで、店によっては一時間近くも店の外で並ぶことが当然のようになっているようです。

こうしたお店の一番の特徴は、「インスタ映え」だそうです。分かりやすく言えば、写真に撮ったときに人から注目される料理、ということです。味は二の次三の次。何より見た目がだいじ、というのが最近の京都の人気店なのだそうです。

何軒かの例外を除いて、こうした行列店は古くから京都にある店ではありません。伝統を重んじる京都のお店なら、こんな状態を続けるのは恥ずかしいことだとし、何らかの解決策を打ち出すはずなのです。

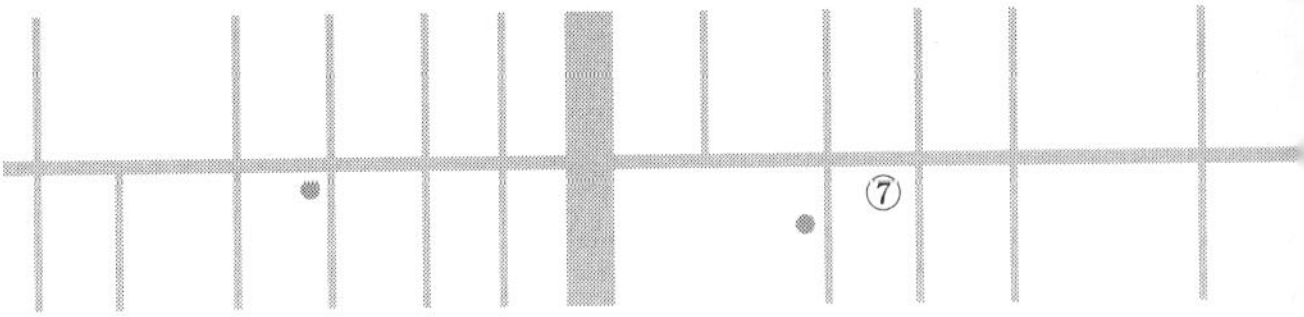

本能寺の変

そんな行列を横目にしながら西へ歩くと、やがて〈元本能寺南町〉という町名看板が目に入ってきます。先述した『本能寺』は古くこの近辺にあったことを示しています。蛸薬師通と小川通が交わる西南角には⑦〈此附近本能寺址〉と刻まれた石碑が立ち、それを囲むように円形の壁が作られています。

そこから西へと歩き、油小路通を南に下がってみましょう。左手東側に〈本能寺跡〉と記された立派な石のオブジェが立っています。

応永二十二年に日隆上人によって創建された当時は〈本応寺〉という寺名で、油小路高辻から南の辺りに建っていたようです。そののち天文十四年にはこの地に広大な敷地を広げる大きな寺院となります。そして永享五年に寺名を『本能寺』と改めました。

織田信長はこの『本能寺』を上洛時の宿所としていましたが、天正十年六月に起こった〈本能寺の変〉で命を落とします。それから約十年経った後に、秀吉の命によって今の場所、寺町御池辺りに移転したのです。つまり〈本能寺の変〉が起こったのは、寺町御池ではなく、この場所なのです。

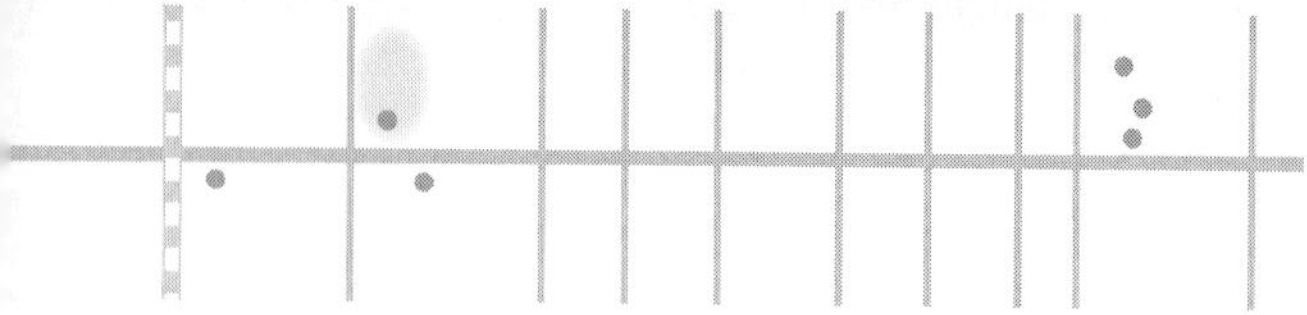

空也上人のお寺・空也堂

蛸薬師通に戻って西に歩くと、左手南側にお寺の山門が見えてきます。ここが通称〈空也堂〉。正式名称を『光勝寺極楽院』[8]というお寺です。

山門の傍らには〈くうやどう〉と平仮名で書かれた石碑が立っていて、如何にも親しみやすいお寺のようですが、残念ながら通常は非公開です。

その名のとおり、空也上人が平安時代に創建したお寺で、ご本尊も空也上人立像だそうですから、まさしく空也上人のお寺です。

別名を〈市の聖〉と呼ばれたように、空也上人はたえず町や村に出て、浄土教を熱心に説いた僧侶です。踊り念仏で布教活動に努めたと言いますから、ダンサーでもあったようです。

空也上人は若いころに『鞍馬寺』で修行をしていたのですが、いつも鹿の鳴き声に癒されていたといいます。はて、鹿の鳴き声はどんなだったか。すぐには思いだせないのですが、きっとやさしい声だったのでしょうね。

ところが、あるときから鹿の鳴き声が聞こえなくなったのです。どうしたのだろう、

⑧

と心配しながら、修行を終えて山を降りようとすると、鹿を抱き抱えた平定盛《たいらのさだもり》と出会いました。

どうやら定盛が抱いていたのは、やさしい鳴き声で癒してくれた、あの鹿のようなのです。嘆き悲しんだ空也上人は、定盛に事情を話し、鹿の角と皮を譲り受けます。角は杖の先に、皮は自分の腰にまとい、終生身につけたと言われています。

空也上人といって、誰もが思い浮かべるのは、教科書でもおなじみの〈空也上人像〉ではないでしょうか。

鹿の角を杖の先につけ、鹿の皮らしきものをまとい、口から阿弥陀さまを吐き出しているように見える、あの像です。

『六波羅蜜寺』でその姿を拝見すると、思っていたよりはるかに小さな像に驚くばかりですが、あの空也上人が自ら創建したというお寺がここなのです。

それがどれほどの価値を持つものなのか。どんな業績を残した人なのか。何も知らず、ただただ、口から阿弥陀さまを吐き出しているお坊さん、くらいにしか認識していなかった空也上人。その人となりが、なんとなく分かったような気になりました。

街の和菓子屋さん

堀川通を西に越えます。しばらく歩いて黒門通を越えると、左手南側に和菓子屋さんがあります。『末廣軒』⑨と言いますが、ガイドブックなどにはめったに登場しません。テレビや雑誌などのメディアが取り上げるお店ではなく、古くから地元に密着している、こういうお店にこそ、本当に美味しいものがあるのですが。

季節の、というより、歳時の、といったほうがいいかもしれません。二十四節季に応じて、京都の人はときどきに決められた和菓子を食べます。

牡丹餅《ぼたもち》を食べたあと、桜が咲けば桜餅。季節が少し進めばヨモギ餅。次は柏餅、そのあとは水無月《みなづき》と、季節の和菓子には事欠きません。それを食べるのに格別の趣向などは要りません。毎年毎年、同じことの繰り返しなのですから。

何ひとつ気取ることなく、ただただ歳時に合うお菓子を食べる。そんなときに決まって足を運ぶ店を、京都の人たちはそれぞれに持っています。この『末廣軒』などはその典型といっていいでしょう。

蛸薬師通は後院通に行き当たったあと、途切れたり、通じたりを繰り返しながら西へ

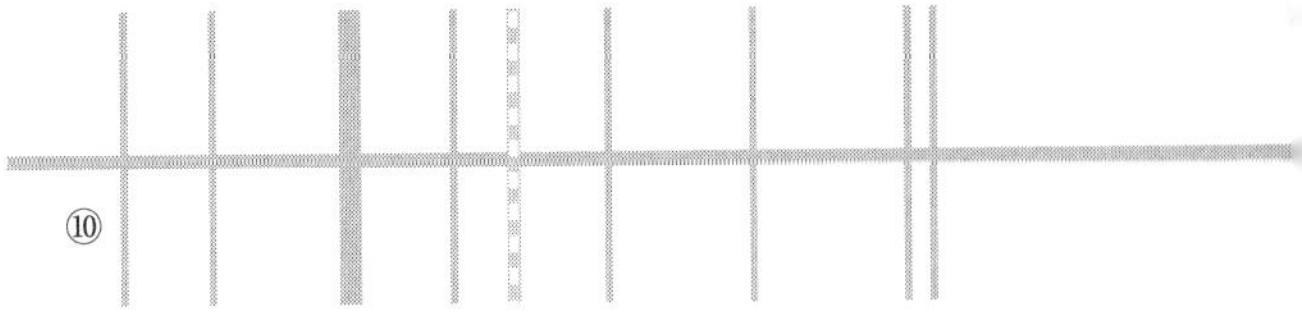

と続きます。どこが蛸薬師通なのか分からないところも少なくありませんが、西大路蛸薬師という交差点がありますから、この辺りはたしかに蛸薬師通なのでしょう。

京の春日さん

そして佐井通で蛸薬師通が終わって、そのまま下っていくと『西院春日神社』⑩の前に出ます。

天長十年、今から千二百年ほども前に、淳和天皇が建てた離宮〈淳和院〉に、奈良から『春日大社』の神さまを勧請したことから始まった神社です。

本家ともいうべき『春日大社』と区別するためにか、西院という名が付いていますが、これは〈淳和院〉が御所から見て西に位置することから、西の院、すなわち西院と呼ばれたことからはじまった地名です。

奈良の本家同様、藤原氏の守り神とされている神鹿《しんろく》の意匠が随所に見られます。もちろん灯篭も春日灯篭です。

境内には『還来神社』という末社があり、旅先から無事に戻って来る、という意味合いから、旅の無事を願う神社としても知られています。昔の旅を象徴するわらじを奉納して、旅の無事を感謝するという〈わらじ奉納〉も行なわれています。

今の時代と違って、昔の旅は命がけだったことも少なくないようです。だからこそ、今生の別れという気持ちも込めて餞別をわたしたのだろうと思います。そして旅を無事に終えて帰ってきたお礼としてお返ししたのが土産という形になったのです。

蛸薬師通歩きを締めくくるにふさわしい神社です。

錦《にしき》小《こう》路《じ》通《どおり》

全国的な知名度という意味では、おそらく京都一の通りでしょう。京都をテーマにしたテレビの旅番組や、雑誌の京都特集には、必ずといっていいほど登場するのが、この錦小路にある錦市場ですね。

しばしば〈京の台所〉という枕詞《まくらことば》を付けて紹介される錦市場ですが、哀しいことにそれは遠い過去のこととなってしまいました。

平安京のころからある通りは古く〈具足小路《ぐそくこうじ》〉と呼ばれていました。調度がなんでも揃う通り、という意味だったのでしょうか。それがやがて口の悪い人たちによって〈屎小路《くそのこうじ》〉と呼ばれ揶揄《やゆ》されるようになったといいます。

さすがに屎はいけないだろうということになり、当時の後冷泉天皇の宣旨《せんじ》によって錦小路に変わったというわけです。ちなみになぜ錦かと言えば、四条通をはさんで、綾小路通があるので、綾に対する錦、ということから錦小路になったといいます。

そしてその錦小路は江戸時代になってから、多くの人が集《つど》う通りとなり、魚市が立つようになり、次いで青物市が立ち、やがて総合食品売場という様相を呈するようになりました。これが今の錦市場の原型です。

新京極通から高倉通までの四〇〇メートルほどのあいだに、百数十軒近くの商店がならんでいる錦市場は、かつてプロの料理人たちが足繁く通う市場でした。

早朝はほとんどがそうしたプロの人々、昼を過ぎたころからは素人の主婦たちも混じり、夕方まで賑わっていました。そんな錦市場が大混雑するのは年の瀬。お正月用の食材を買い求めようとする人たちで、幅三メートルほどの狭い通りはぎっしりと人で埋まり、身動きも取れないほどでした。荷物運びの役目として付き添って来た、僕のような子どもは恐怖を覚えるほどの雑踏で、年末が近づくとあの混雑ぶりを懐かしく思いだします。

いつのころからでしょう。錦市場が今のような雑多な通りになったのは。せいぜいここ五、六年のことだと思いますが、錦市場は観光客向けの食べ歩きストリートと化してしまいました。

最初はほんの数軒でしたが、店先で串に刺したおかずや、ファストフードっぽいお菓子などを売るようになり、それがあっという間に錦市場全体に波及しました。ただでさえ狭い通りなのに、大きなバッグを持った観光客が串刺しを食べながら歩くのですから、本来の買い物客はたまったものではありません。錦市場に足を向けなくなった京都人が急速に増えることになります。

そんなこともあって、市場のなかのお店はますます観光客に向けてアピールするようになります。お店の奥にイートインコーナーを設けたり、立ち飲み店ができたりと、市場というより飲食街というふうに変貌してしまったのです。

もちろんなかには昔ながらの、真っ当な商いを続けているお店もありますが、大勢は食べ歩き推奨派ですから、この流れをもとに戻すのはかなり難しいようです。

錦の天神さん

錦小路通は東の端になる新京極通から、西は壬生川通まで、二キロ弱の短い通りで

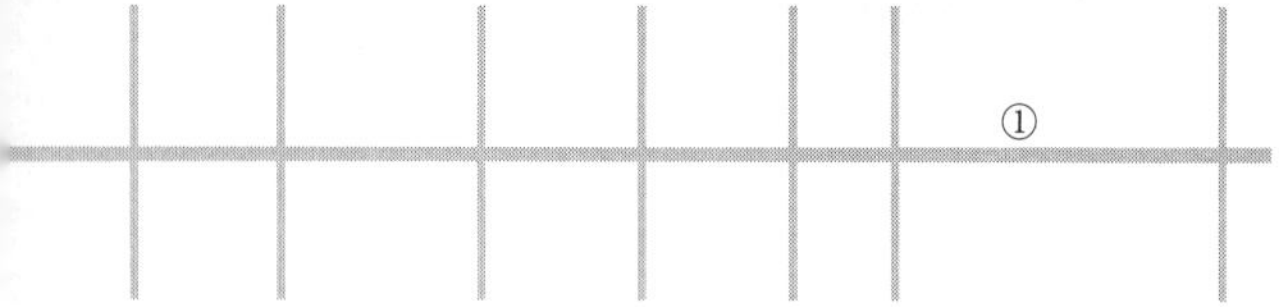

す。東の端に建つ『錦①天満宮』から通り歩きをはじめましょう。天満宮というくらいですから、祭神は無論のこと菅原道真公です。

平安時代の前期に道真公の生家である〈菅原院〉に創建されたのがはじまりだそうですから、千年の歴史を持つ由緒正しき神社です。その後幾度かの移転や移山、改名などを繰り返し、今の場所に定まったのはおよそ四百年前と伝わっています。

およそ二〇〇坪だそうですから、繁華街のなかとしては広い境内と言えるでしょう。唐波風《からはふ》の屋根が印象的なお堂や、天満宮には欠かすことのできない牛の像など、小ぢんまりした境内ですが、伸びやかな空気が広がっています。

この神社で注目したいのが手水舎《ちょうずしゃ》です。錦の名水と呼ばれる井戸水が湧き出ているのです。横には蛇口もあって、名水をペットボトルに詰めて持って帰る人が列をなしている姿もよく見かけます。

どうやらこの名水が錦市場を生んだ元になっているようです。魚や野菜を洗ったりするのにも、豊富な水は欠かせませんし、それが良質のものであればなおいっそうでしょう。錦市場は先に名水ありきだったのです。

そしてもうひとつ。錦の天神さんで見るべきは石の鳥居です。

境内を出て、錦小路を西へと歩きはじめると〈TERAMACHI〉と書かれたアーケードの真下に石の鳥居が見えます。この鳥居は、笠木（鳥居の上の横木）が両側のビルに突き刺さっているのです。

なんとも不思議な光景ですが、道路があとからできたせいでしょうね。お店のなかに突き出た笠木はアート代わりになっているのかもしれません。

何かしらの目的があるかたは別として、ただの街歩きとしてなら、錦市場のなかを歩くことはあまりお奨めしません。狭くて歩きにくいうえに、たくさんの人とぶつかり、手に持った串で洋服を汚されることもあるからです。

特にお目当てがないようでしたら、錦市場はスルーして高倉通から歩きはじめましょう。

酒屋さんで修道院クッキー

錦市場を背にして、錦小路を西に向かって歩きます。左手南側に大丸デパートを見ながら歩いていくと、東洞院通を越えた右側に『タキノ酒店』[2]の看板が見えてきます。酒屋さんではありますが、このお店の一番人気は〈修道院製クッキー〉です。全国各地の修道院で作られている焼菓子を集めたお店というのも珍しいのではないでしょうか。もちろん京都の修道院で作られたクッキーも並んでいます。

『金閣寺』近くの修道院で作られているという〈ごふれっと〉というクッキーは素朴な美味しさで、しかも適価で売られています。ちょっと変わった京土産にも最適かと思いますが、日曜祝日が定休日なので注意が必要です。

烏丸通を西に越えて、しばらくは、飲食店とオフィスビルが混在する雑多な眺めが続きます。古い町家を生かしたレストランが多いようですが、そこで出される料理が京都らしいかと言えば、そうとは限りません。全国チェーンだったり、東京の店の支店だったりするのもよくあることです。

前田珈琲明倫店

烏丸通を西にわたって、ひと筋目が室町通。京都の和装業界のメッカといってもいい

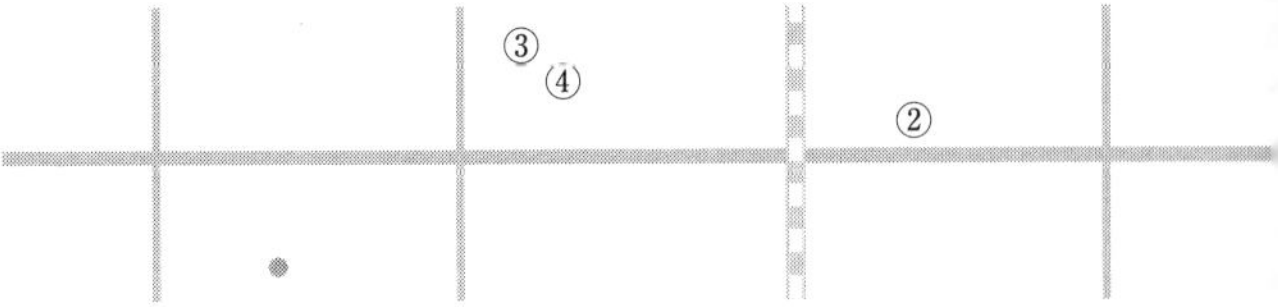

南北の通りです。和装関係の会社やお店がひしめく通りを、少し北に上ると、右手に小学校の門が見えてきます。

ここはかつて、明治二年に開校された〈明倫小学校〉という歴史ある小学校だったのですが、廃校になった今も『京都芸術センター』[3]として様々に活用されています。

三階建ての旧校舎は北館と南館に分かれていますが、南館の一階にはカフェがありますので、通り歩きの休憩スポットとしてもお奨めいたします。

『前田珈琲』[4]というコーヒー店は市内に何軒か店を構えていますが、かつての教室にコーヒーの香りがよくマッチしていて、ゆっくりとコーヒータイムを愉しめます。

コーヒーはもちろんですが、ここでは〈アイミ〉と呼ばれているアイスミルクティーや、昔なつかしいナポリタンなどのパスタもお奨めです。

レトロな空間で昔を懐かしむのも街歩きの愉しみのひとつですね。

ビストロ辻子

室町通を越えてひと筋目、ビルの谷間の細道を南に下がると、〈撞木《しゅもく》辻子《ずし》〉という名前が付いた辻子に出ます。

撞木とは仏具の一種で、鉦《かね》を叩いたりするときの丁字型をした棒を言います。四条通、錦小路通、新町通の三方へ通り抜けできる辻子の形状が丁字型をしていることから付いた名前です。別名をビストロ辻子と呼ぶほど、飲食店が多く点在する辻子でもあります。

ビストロではありませんが、この辻子のなかで僕のお奨めは『めん房やまもと』⑤といううどん屋さんです。

細い辻子から、更に狭い路地に入った突き当たりにお店があります。

ビジネス街にあるお店なので日曜日はお休みですが、他の日はいつも活気にあふれています。それほど広くないお店に、入れ替わり立ち代わりお客さんがやってきます。うどんや蕎麦といった麺類から、丼物定食類まで豊富なメニューは目移り必至です。お奨めは中華そば。ラーメンではなく、あっさり味の中華そばはいつ食べても美味しく、変化球としてはカレー中華そばもお奨めです。家族的な雰囲気も居心地をよくしてくれます。すぐ近くに行列のできるラーメン屋さんがありますが、ぼくのお奨めはこち

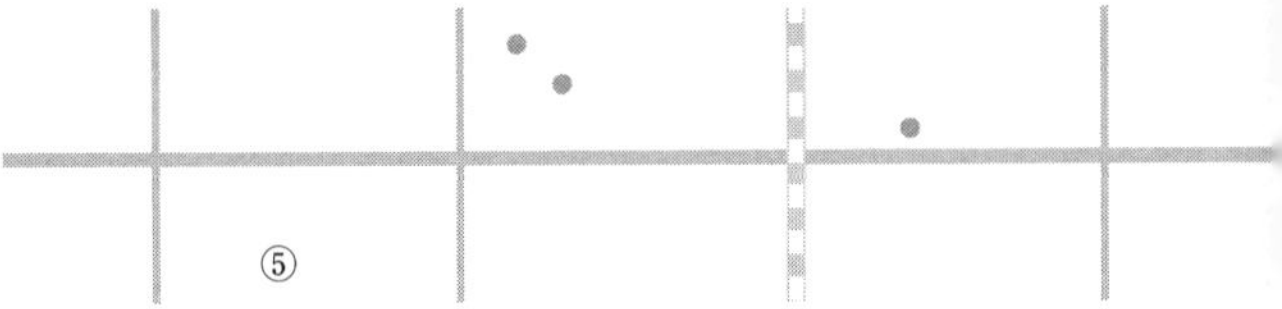

らのお店の中華そばです。

占《うら》出《で》山《やま》町、天神山町、蟷螂《とうろう》山《やま》町などといった、祇園祭の山鉾の名前を付けた町名が並び、この辺りが鉾町の中心地であることが分かります。

そして、ここから先、壬生川通まではさしたる見どころもありません。そう考えると錦小路通というのは、思いのほか、あまり歩く愉しみを与えてくれない通りなのですね。

Column

通り歩きの脇見　民家のしきたり

通り歩きをしていて、取り立てて名所もなく、めぼしいお店が見つからないときがあります。そんなときは足早に通り過ぎて、先を急ぐのも悪くありませんが、ふつうの民家をよく見てみると、思いがけない発見があったりして、それもまた通り歩きの愉しみだなと実感することがあります。

民家の塀のなかから枝を伸ばす木々が、どこもおなじなのはなぜだろう。小屋根の上に置いてある瓦人形にはどんな意味があるのだろう。なぜ玄関の上に粽《ちまき》が飾ってあるのだろう。

そんな疑問を持ちながら歩くのも、通り歩きの醍醐味です。

ほかの街ではあまり見かけないものが目に入ってきますが、ひとつひとつに、長い歴史のあいだに育まれた、都人の思いや願いが込められているのです。それらの多くは災厄を除けるための方策です。民間信仰と言い換えてもいいでしょう。科学万能の今の時代にあっても、かたくなにこうした風習を守り続ける。それもまた京都の魅力ですね。

鬼門封じの色々

今の京都のベースになったのが平安京だということに異論はないでしょう。「鳴くよウグイス平安京」の言葉どおり、西暦七九四年に都が移されたのですが、その前の都は長岡京でした。

せっかく奈良から長岡に都を移したのに、またすぐに移転したのは、災いを避けられる土地を選んだからだと言われています。

そこに関わってくるのは大陸から伝わってきた陰陽道、風水思想や易などですが、なかでもっともよく知られているのが〈四神相応《しじんそうおう》〉という考え方です。

北に玄武《げんぶ》、東に蒼龍《そうりゆう》、西に白虎《びやつこ》、南に朱雀《すざく》という守護神が鎮護するという考え方を〈四神相応〉と言いますが、京の都はそれにぴたりと当てはまっているというのです。

北の玄武は船岡山、東の蒼龍は鴨川、西の白虎は山陰道。そして南の朱雀は、今は姿を消してしまった巨椋《おぐら》池です。

こうした、東西南北の方角を重視する陰陽道は、中国から伝わったのですが、日本で独自の変化を遂げていきます。その代表的なものが〈鬼門〉という考え方です。鬼が出入りする方角を〈鬼門〉と呼び、それは艮《うしとら》すなわち北東の方角だというのです。

鬼が出入りする〈鬼門〉を封じないと安心して暮らすことができません。そのために都人は知恵を絞り、様々な工夫を凝らします。

その棘《とげ》が鬼の目を射貫くといわれる柊《ひいらぎ》を鬼門に当たる場所に植えます。あるいは鬼がもたらす難を転じるという意味で南天の木を植えます。

通り歩きをしていて方角に迷ったら、民家の庭に植わる柊や南天の木を探してみてください。少し歩けば必ず見つかります。民家ではなくビルや駐車場などの場合は、一角に白砂や白石を敷き詰めたところがあれば、そこが北東の角だという印です。ただ、稀に裏鬼門といって、艮の反対、南西の角にも鬼門封じをしているところもありますからご注意ください。

鬼を追い払う鍾馗《しょうき》さま

迷信と言ってしまえばそれまでですが、京都では今の時代でもこうした災い除けは連綿と続いています。鬼門除けと同じく、通りを歩いていると必ず目に付くのが鍾馗さまです。

とある家の女性が原因不明の病を患っています。が、どうやらそれは近くの大店の大屋根に設えられた鬼瓦のせいだと言われはじめます。鬼瓦はお寺などにも見られますが、鬼をにらみ返して退治する役割があるそうです。

つまりはそうしてにらみ返された鬼が、女性の家に転がり込んだのでは、というのです。そこでそれを防ぐために、民家の小屋根の上に、鬼を追い払う鍾馗さまを置くようになったというわけです。

そんなにたくさん京都には鬼が攻めてくるのか。そうお思いになるかもしれませんね。

祇園祭と玄関の粽

かつては祇園祭の山鉾巡行の際に、鉾のうえから粽がなげられ、それを授かろうとする人々で押し合いへし合いする様子がよく見かけられました。

危険が伴うという理由から、いつしか粽投げは廃止されましたが、それほどに祇園祭と粽は切っても切れない関係にあるのです。

祇園祭の発祥を詳しく書きだすとキリがないので、簡単にご紹介しますが、はじまりはスサノヲノミコトでした。

八坂神社の神さま、スサノヲノミコトが南の海に旅した時、泊まるところを見つけられずにいましたが、蘇民将来《そみんしょうらい》という名の男の民家を訪ね、一夜の宿を請います。快く応じた蘇民将来一家はスサノヲノミコトを、粟で作った食事などで手厚くもてなしました。

蘇民将来の優しさに心打たれたスサノヲノミコトは、「蘇民将来子孫也」と記した護符を持てば、疫病より免れることができると約束しました。

そんな故事にちなんで、祇園祭に参加する人たちは〈蘇民将来子孫也〉の護符を身につけて祭りに臨むのです。粽はそのおすそ分けのようなものです。

山鉾の名前が入った粽には〈蘇民将来子孫也〉と記された護符が付いていますか

ら、これを玄関先に飾っておけば、蘇民将来の子孫だというしるしになり、疫病を逃れられるというわけです。

鬼門除け、鍾馗さま、そして粽。すべて災厄から逃れるためのものです。それほどに京都の町衆は、自然災害や人災、戦乱などの様々な災厄に悩まされ続けてきました。通りを歩けばそんなことも目の当たりにできるのです。

第三部　四条通から五条通まで

～四・綾・仏・高・松・万・五条～

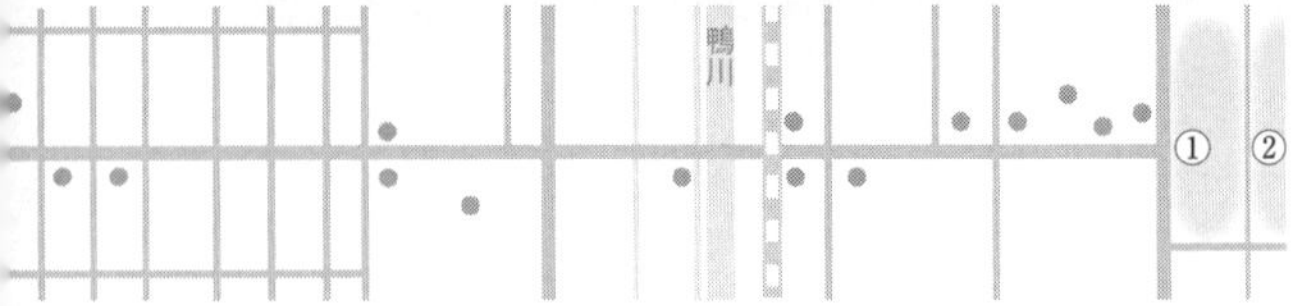

四《し》条《じょう》通《どおり》

いよいよ四条通です。東西の通りとしては四条通が京都一のメインストリートです。あらゆる意味で、京都のまん中を突っ切る通りです。

東の端は『①八坂神社』西楼門前の〈石段下〉から、西の端は『松尾大社』まで、全長七キロにも及ぶ長い通りは、平安京のころから四条大路として賑わってきました。

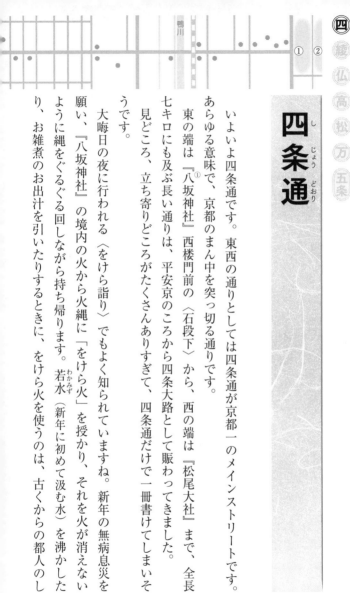

見どころ、立ち寄りどころがたくさんありすぎて、四条通だけで一冊書けてしまいそうです。

大晦日の夜に行われる〈をけら詣り〉でもよく知られていますね。新年の無病息災を願い、『八坂神社』の境内の火から火縄に「をけら火」を授かり、それを火が消えないように縄をぐるぐる回しながら持ち帰ります。若水《わかみず》（新年に初めて汲む水）を沸かしたり、お雑煮のお出汁を引いたりするときに、をけら火を使うのは、古くからの都人のしきたりです。

　四条通の東端の光景は、きっと多くの方々の目に焼き付いていると思います。南北に東大路通が走り、四条通がそこに行き当たる。と、そこに立ちはだかるかのように、『八坂神社』の西楼門が朱色に輝き、神々しくも美しい眺めを生み出しています。

　あまりに堂々とした光景なので、誰もがこの西楼門を『八坂神社』の表玄関だと思ってしまいますが、実は『八坂神社』の正門は南楼門なのです。ちょっと意外ですね。

　それはさておき、四条通の東端ですが、西楼門へと続く石段があることから、この交差点は〈石段下〉と呼ばれています。京都のなかには山ほど石段があるはずですが、〈石段下〉と言えばここを指します。たとえばタクシードライバーに〈石段下〉と告げるだけで、この場所へと案内してくれます。

　京都を代表する名所だけに、広々とした交差点です。ここから東には『八坂神社』、[②]『円山公園』、そして東山と広がります。名所がたくさんありますので、時間があれば是非足を延ばしてください。

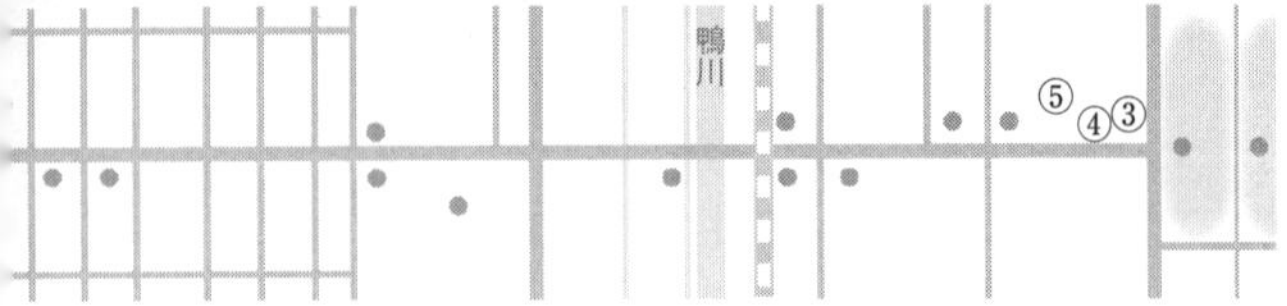

四条通の美味しいお店

三差路になった〈石段下〉。その北西の角辺りに暖簾をあげているのが『いづ重《じゅう》』③。京都を代表するお寿司屋さんです。鯖寿司やおいなりさん、巻き寿司などが人気のお店ですが、僕の一番のお奨めは箱寿司です。穴子や海老、白身魚などの定番に加えて、その季節ならではのネタを加えた、持ち帰り用の〈上箱寿司〉などは、食べるのが惜しくなるほど美しく詰め合わされています。箱寿司とはよく言ったもので、京都らしい箱庭のような眺めです。

お店で食べるもよし、折詰にしてもらうのもよし、京都ならではのお寿司を目と舌で味わってください。

その数軒西に『カトレヤ』④という喫茶店がありますが、このお店のなかには『八坂神社』の本殿東に湧き出ている〈祇園神水〉と同じ水脈の井戸があり、名水で淹れた香り高いコーヒーを味わうことができます。

シックで落ち着いた内装のお店には、外の喧騒《けんそう》とは無縁の空気が流れていますので、通り歩きの休憩スポットとしては最適です。

ここから先、西へ向かって歩くのに、北側か南側か、どちらを歩くか悩ましいところです。どちらかと言えば、立ち寄りたいお店は北側に多いので、南側に目を遣りながら、北側を歩くのがいいように思います。あっちもこっちもと目移りするでしょうが、四条通を横断するときは必ず横断歩道を渡りましょう。

北側の歩道を歩いていると、人ひとり通るのがやっと、という細い路地がいく筋も北に延びています。すぐ北の通りに通り抜けできるので、探検気分で通ってみるのも愉しいものです。

東から数えて五筋目ほどになるでしょうか。お蕎麦屋さんと和菓子屋さんのあいだにも狭い路地があって、この路地の奥に建っているのが『千ひろ』[5]という板前割烹のお店です。板前割烹全盛の京都ですが、ほんものと言いきれるお店はそれほど多くありません。ただ流行に乗っているだけとしか思えない店が、十年後にはたして何軒残っているでしょうか。

そんななかにあって、『千ひろ』は数少ないほんものの割烹です。けっして派手なパフォーマンスなどは見られませんが、京料理の真髄ともいえる料理の数々は、わざわざ

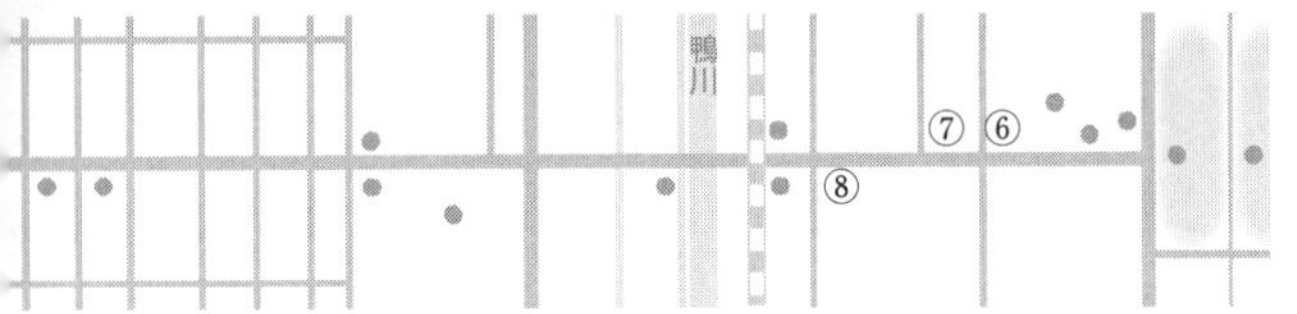

足を運ぶ価値が充分にあります。

西に歩くと『⑥何必館《かひつかん》』という美術館の前に出ます。北大路魯山人の作品をはじめ、貴重な収蔵品を持ち、光庭や茶室など、美意識溢れるスペースを備えた美術館は一見の価値ありです。

花見小路通を西にわたってすぐ、『⑦鍵善良房』という和菓子屋さんが見えてきます。〈くづ切り〉で人気を集めている、享保年間創業の老舗和菓子屋さんですが、いっぽうで民藝運動に尽力した店としての一面も持っています。とりわけ店の象徴とも言える、黒田辰秋《たつあき》の作品は美術館でもなかなか見られないほどの、希少なものです。和菓子を買い求める際に、是非それらもつぶさに鑑賞しておいてください。

子どものころに、その黒田辰秋作の螺鈿《らでん》細工の器で、名物〈くづ切り〉を食べたのも今となっては懐かしい思い出です。

目疾地蔵

さて、この辺りで四条通をわたって南側の歩道へ移動しましょう。いつも行列のできているお店や漬物屋さんを素通りして目指すのは『仲源寺』[8]という浄土宗のお寺です。お寺の入口には〈雨奇晴好〉と書かれた扁額《へんがく》が掛かっています。雨でも晴れても景色がいい、といったような意味でしょうか。

京都有数の繁華街を貫く四条通に面してお寺が建っているのは珍しいと思いますが、このお寺は眼病に霊験《れいげん》があると言われていて、通称はその名も〈目疾《めやみ》地蔵〉です。

それはしかし、ちょっとした誤解が生んだ話なのです。

安貞二年、つまり今から八百年ほど前のこと。暴れ川として知られていた鴨川は度々洪水を起こしていましたが、ひどい氾濫になり京都の町衆は困り果てていました。そこで鴨川からほど近いこの『仲源寺』で雨止み祈願が行われました。結果、洪水がおさまったので後堀河天皇の勅願寺となったのです。

また一説では、『八坂神社』や『清水寺』へお参りに行く際、急な雨に遭った人がこの寺で雨宿りし、雨が早く止むよう祈ったことから、〈雨止み地蔵〉と呼ばれたとも言われています。

それがいつのころからか、雨止みが転じて目病みとなり、眼病に効くと言われるよう

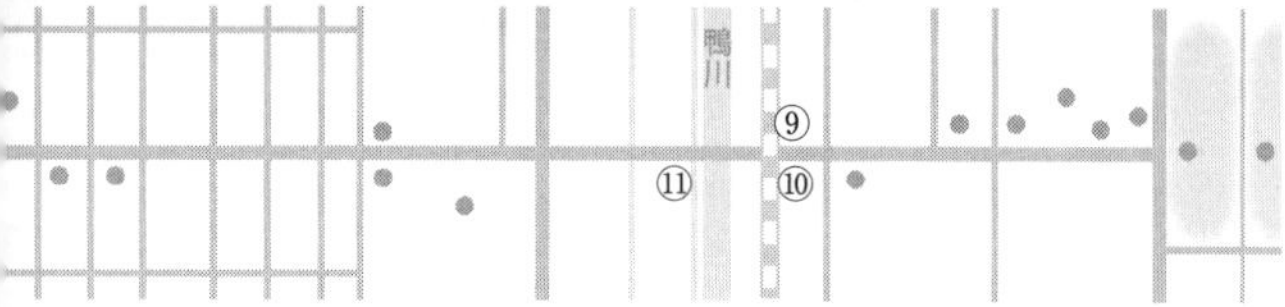

になりました。ご本尊のお地蔵さまをよく見ると、右目が涙で赤く濡れて光っているように見えます。そして、あまり知られていませんが、このお寺には国の重要文化財にも指定されている千手観音さまがおられます。ぜひ立ち寄ってみてください。

名建築の辻

大和大路通を越えると、やがて川端通に出ます。四条大橋をはさんで、この近辺は名建築の宝庫です。見上げながら歩きましょう。

川端四条の東北角に建つレトロな洋館は、大正五年創業という老舗洋食店⑨『レストラン菊水』です。

鉄筋コンクリート造の五階建て洋館は、アールデコやスパニッシュなど、当時最先端だった建築様式を取り入れ、百年以上経った今も、まったく色褪《あ》せることなく、優れたデザインの威容を誇っています。

一階は気軽なカフェレストラン、二階はアラカルトもある本格フレンチレストランと、使い勝手のいい店で、夏場には屋上にビアガーデンも開設されます。鴨川や東山を一望しながら都大路に吹く風を愉しめます。

その真向かい、東南角に建つのは言わずと知れた歌舞伎の殿堂とも言われる『南座』[10]です。耐震補強工事のためにしばらく休館していましたが、二〇一八年秋にみごと復活を果たしました。

江戸時代初期に起源を発するという劇場は、昭和初期に建て替えられ、現在の建物は八十年ほどの歴史を持っています。地上四階、地下一階の建築は国の登録有形文化財という由緒正しい建築。日本最古の劇場とも言われ、とりわけ師走に行なわれる〈吉例顔見世興行〉は京都の風物詩ともなっています。

四条大橋をはさんで『南座』の西向かいには『東華菜館』[11]という中国料理店が建っていますが、こちらは大正十五年にヴォーリズの手によって建築されたレストランです。

ヴォーリズは、教会をはじめとして学校や公共施設など、数多くの洋館を設計し、名建築を各地に残した建築家ですが、商業施設としてレストランを設計したのは、この『東華菜館』だけだと言われています。それほどに希少な建築ですから、レストランの内外に見どころが数多く残されています。美味しい中華料理を食べがてら、百年近く経

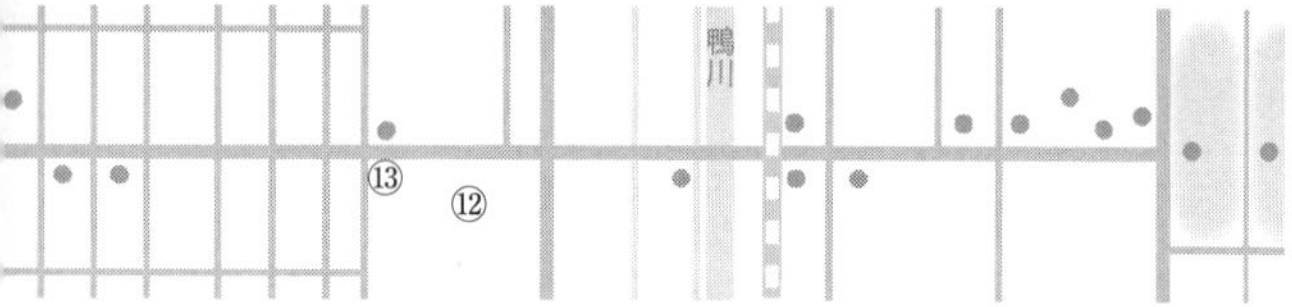

った洋館の粋を間近に見るのも貴重な体験になるかと思います。

食事の時間がない方は外観だけでも是非見ておきましょう。蛸やタツノオトシゴなどの生物をモチーフにしたレリーフは一見の価値ありです。

四条通をはさんで、『東華菜館』の向かい側には先斗町《ぽんとちょう》通への入口があります。京都五花街のひとつ先斗町は、京都を代表する艶やかな通りです。時間があれば寄り道されることをお奨めします。

木屋町通を越えて西へ歩くと、すぐに四条河原町の交差点です。年を経るごとにお店も変わり、風景も以前とは違って見えますが、西南角に建つ『髙島屋』⑫だけはほとんど変わっていません。

京都随一の繁華街として長く君臨してきた四条河原町のシンボル的存在である『髙島屋』前で、どれほど多くの若者たちがデートの待ち合わせをしてきたでしょう。

『髙島屋』のメインエントランスの前を通り越して、南側の歩道を西へと歩きます。

神さまの宿

何軒かのお店を通り過ぎ、寺町通の手前までくると、そこには『八坂神社御旅所《おたびしょ》』[13]があります。

〈御旅所〉というのは、いわば神さまが滞在される宿泊所のようなもので、祇園祭のときには、ここには『八坂神社』の三基のお神輿がお泊まりになります。

勘違いされている方も少なくないのですが、祇園祭は本来、七月十七日に行なわれる〈神幸祭〉が主要な行事で、山鉾巡行はその露払い的な役割を果たすものなのです。そして山や鉾によって浄められた〈御旅所〉にお神輿が滞在されるわけです。

その旅の終わりは〈還幸祭〉といって、七月二十四日に行なわれます。お神輿の旅の始まりと終わりには神輿《みこし》渡御《とぎょ》が行なわれ、優美な山鉾巡行とは対照的に、勇壮なお祭りとなります。

テレビをはじめとして、メディアのほとんどは山鉾巡行しか報道しませんから、祇園祭はのんびりとした行列、くらいにしか思っておられない方が大多数なのは残念至極です。〈神幸祭〉や〈還幸祭〉の神輿渡御を一度でもご覧になれば、祇園祭のイメージが

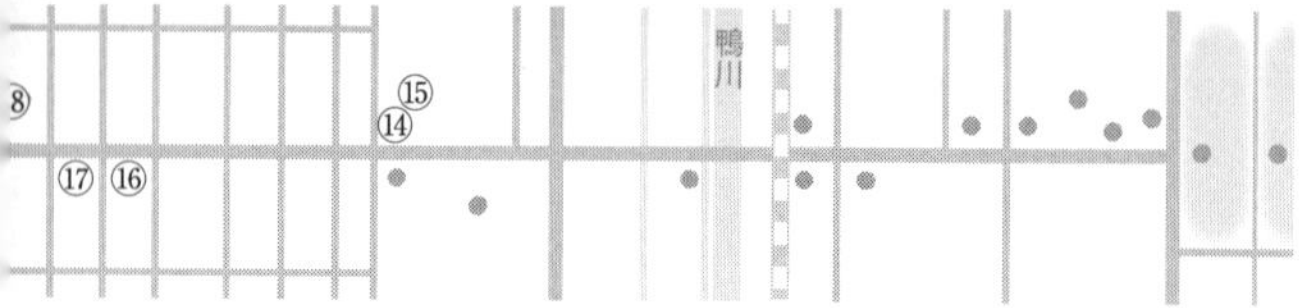

一八〇度変わることと思います。分けても〈神幸祭〉の際に、三基のお神輿がこの〈御旅所〉へ入る直前に行なわれる〈お練り〉は豪快そのものです。

それほどに重要な役割を果たしている〈御旅所〉ですが、立ち止まる人も少なく、素通りされてしまうのは何とももったいないことです。

小さな地蔵堂と円山応挙

寺町通の交差点から今度は北側にわたりましょう。小さな地蔵堂にお参りするためです。

『林万昌堂』[⑭]という、京都で一番人気のある甘栗屋さんのお店のなかから境内に入れるという、珍しい地蔵堂は『染殿地蔵』[⑮]と呼ばれていて、安産のお地蔵さまとして信仰されています。繁華街の真ん中にありますから、猫の額ほどの小ぢんまりした境内ですが、古くから都人に親しまれていて、安産祈願に訪れる人が絶えません。

かつては〈金蓮寺〉というお寺で、一帯に寺域を広げていたようで、その境内で借家住まいをしていたのが、京都画壇の大御所として名高い円山応挙だったのです。

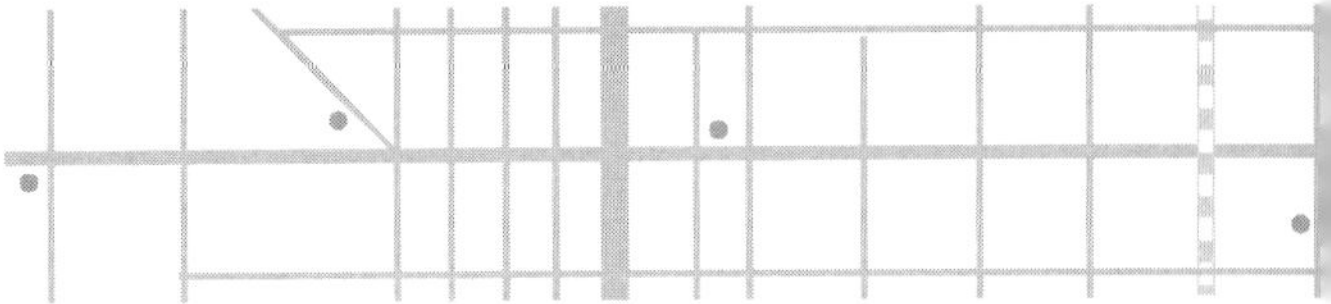

四条通の南側、柳馬場通と堺町通のちょうど真ん中辺りに〈円山応挙宅址〉[16]の石碑と駒札が立っていますから、その辺りまで〈金蓮寺〉の境内が広がっていたのでしょうね。それにしても、この駒札はあまりに目立たな過ぎるのではないでしょうか。お店の看板などに隠れてしまっているのは困ったことです。

地蔵堂も石碑も通り過ぎてしまいそうに目立たないスポットですが、点と点を結ぶと往時の様子が浮かんできます。これが通り歩きの醍醐味としておきましょう。

その石碑から少し西に歩いた堺町通の角には〈佐賀鍋島藩屋敷跡〉[17]の石碑が立っています。同じ石碑は上京区の上長者町通にも立っていますが、きっと何か所かにあったのでしょう。

大丸さん

高倉通を越えると、北側に『大丸』[18]が見えてきます。『髙島屋』と両雄相並ぶとでもいったふうに、四条通のシンボルとしてふたつのデパートが建っています。もちろんほかにもありますが、古くからの都人にとってデパートといえば、『髙島屋』はんと『大

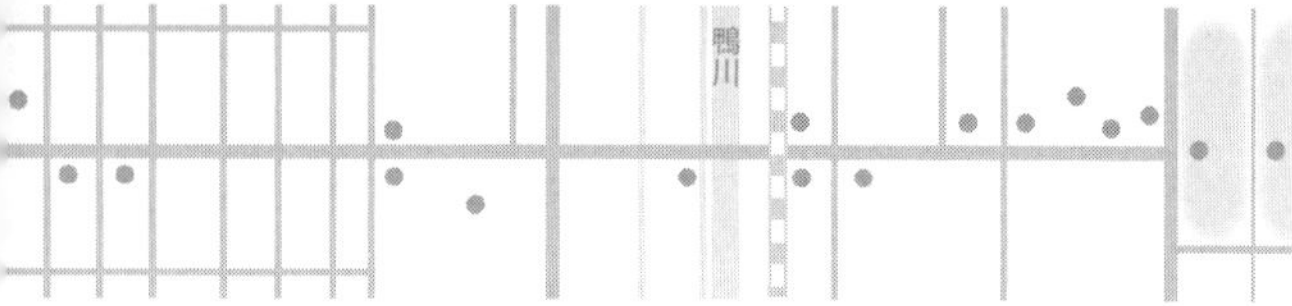

丸』さんの二軒です。

たいせつな人への贈り物を買うとなると、この二軒を訪ねるのが常道でした。両方のお店で品定めするのですが、その際には決まりごとがありました。

子どものころに、祖母のお伴をして買い物に行ったときにこう言われました。

―大丸さんの紙袋を持って、髙島屋はんへ行ったらあかん。店員さんが気ぃ悪ぅしはるさかいに―

二軒のデパートが競合関係にあるから、というのがその理由で、もちろん逆も同じだというのです。言葉だけでなく、実際に祖母は『髙島屋』へ入る前に、『大丸』の紙袋をバッグに仕舞いこんでいました。

今から思えば、大資本のデパートであっても、近所の八百屋さんどうしと同じ感覚で接していたのだろうと思います。京都というのはそういう街だということを、おとなになってから少しずつ分かってきました。

『髙島屋』から『大丸』へと歩く度に祖母の言葉を思いだします。

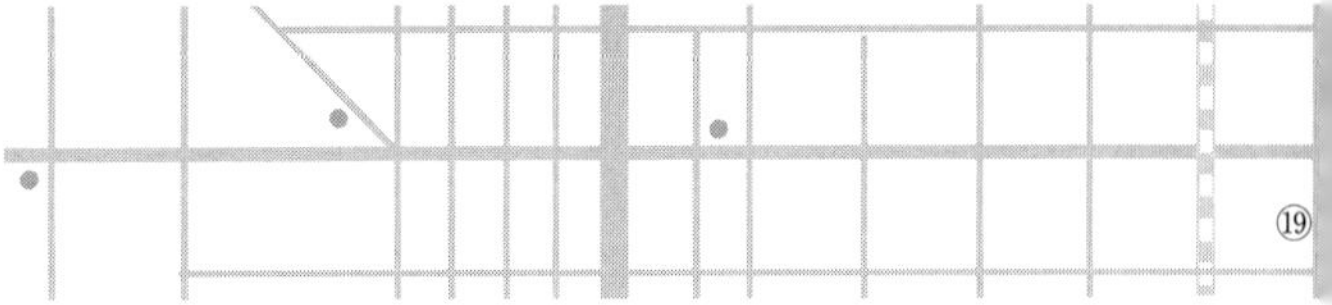

悪くない悪王子

東洞院通を少し下ってみましょう。やがて西側に小さな祠と銀色の駒札が見えてきます。『悪王子社』⑲です。なんだか悪人が寄り集まる秘密結社みたいですが、〈悪王子社〉はれっきとした神社の名前で、かつてこの場所にあって素戔嗚尊《すさのおのみこと》を祀っていました。それゆえこの界隈には元悪王子町という町名が付いているのです。〈悪王子〉の悪はアクと読み、強力という意味です。つまり素戔嗚尊は強力な王子、という意味で〈悪王子〉と呼ばれたわけです。

今は『八坂神社』の境内に移転して摂社となっていますが、天延二年にこの地に創建され、素戔嗚尊の荒御魂を祀っていたといいますから、千年を越える歴史を持つ神社です。祇園祭の元となった祇園御霊会の際には、この〈悪王子社〉で神供式を行なってから巡業したと伝わっています。

四条通に戻って西へ歩いて行くと、すぐに烏丸通です。

四条烏丸は地下鉄烏丸線の四条駅と、阪急電鉄京都線の烏丸駅が交わるターミナルで、京都随一のビジネス街としても知られています。つまり四条通は繁華街とビジネス

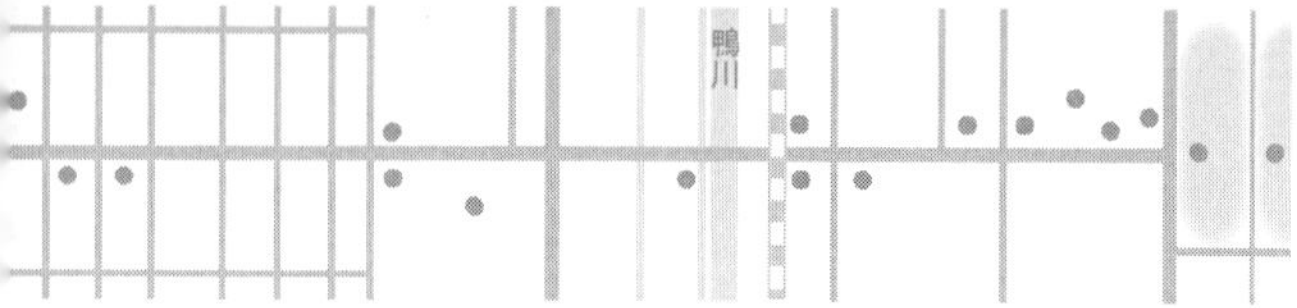

街の両方を結ぶ重要な通りなのです。

そして四条烏丸近辺は祇園祭の鉾町がずらりと並ぶ界隈でもあり、七月ともなれば、あちこちに山鉾が建ちます。

ただ七月以外はふつうのビジネス街となりますので、取り立てて見るべきものはありません。先の撞木辻子と同じように、入り組んだ路地や辻子が随所にありますので、私有地でなければ入り込んでみてください。意外なものに出会えたりします。

空也供養から膏薬へ

そのひとつが〈膏薬《こうやく》辻子〉。新町通を越えて、ひと筋目を下ったところにあります。

撞木に負けず劣らず、膏薬という辻子の名も奇妙といえば奇妙ですね。

例によって駒札を見てみましょう。

天慶三年のこと。乱によって命を落とした平将門の首が京都の町でさらされてからというもの、全国各地で天変地異が相次ぎ、きっとそれは平将門の怨霊の仕業だとされました。平将門の霊を鎮めるための首塚が各地に築かれ、江戸の『神田明神』もそのひとってです。

京都でも、空也上人が塚を建てて供養しました。そこは空也供養の道場と呼ばれ、空也供養、がなまって、こうやく、そして膏薬辻子と呼ばれるようになったのです。雨やみが目やみになり、空也供養がこうやくになる。江戸っ子に負けじと、都人も洒落っ気を発揮したのでしょう。

小野小町ゆかりの井戸水・化粧水

四条通を西に歩き、西洞院通の東南角を少しだけ南に下ってください。レンガタイルに囲まれた植込みのなかに〈化粧水〉と書かれた石碑が顔を覗かせています。化粧品会社のコマーシャルかと思われるかもしれませんが、これはなんと江戸時代に作られた〈都名所図会〉にも登場するほど由緒ある石碑なのです。

─化粧水は西洞院四条の南にあり。いにしえこの所に小野小町の別荘ありしなり─

と記されていて、その屋敷内にあった井戸水を、小野小町が使ったことにちなんで、〈化粧水〉と名付けられたのだそうです。

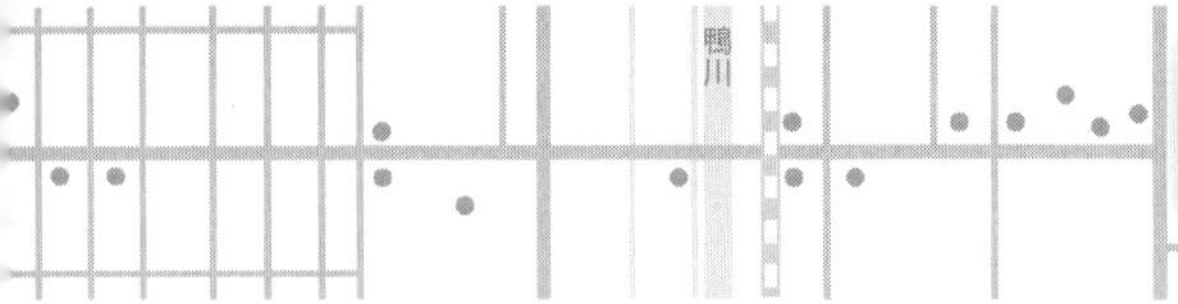

この辺りは名水の水脈が通っていたとみえて、堀川通に出る手前、醒《さめ》ヶ《が》井《い》通の東北角に建つ『亀屋良長』[20]という和菓子屋さんの店先にも名水があります。

四条堀川を越えて四条大宮へと続き、こちらもまた京都と大阪をつなぐターミナルとして、だいじな役割を担っています。たくさんの人が行き交いますから、当然のこととして飲食店もたくさんあります。

四条大宮から後院通を西北方向に進むと『京一本店』[21]という食堂があります。雅な雰囲気ではありませんが、ここもまた京都らしいお店としてお奨めしたいところです。

こういう京都の食堂には、うどんや蕎麦、丼などがあるのは当然ですが、甘味もメニューに揃っているのが昔ながらのお店なのです。

おぜんざいだとか、みつまめやパフェ、あんみつまで食べられてこそ、京都の食堂。それもしかし、今は昔となってしまいましたが。

昭和二十三年創業というこのお店での一番のお奨めは〈中華そば〉です。あるいは同じ麺を使った〈カレーラーメン〉。どちらも昔ながらの素朴な味でホッコリします。

四条大宮から西へは、西大路四条までふたつの私鉄が線路を延ばしています。ひとつ

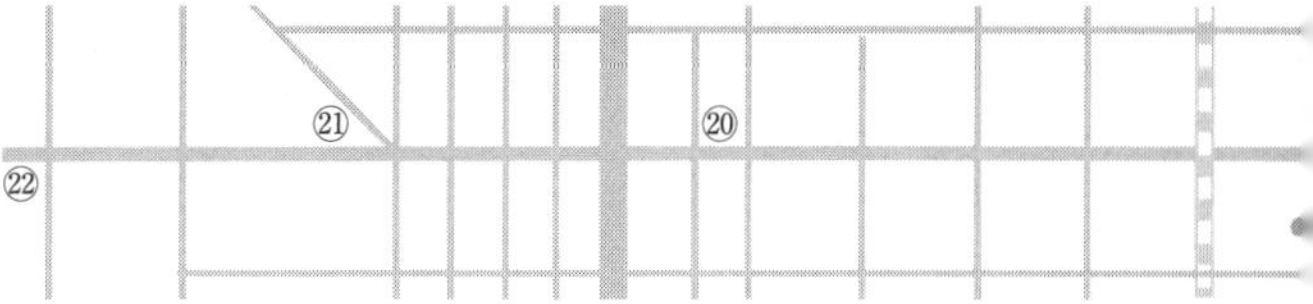

は地下を走る阪急京都線、もうひとつは地上を走る京福電気鉄道の嵐山本線。後者は〈嵐電《らんでん》〉と呼ばれて親しまれています。

かつての京都市電を彷彿させる路面電車の光景は、実にのんびりとしていて、どことなく京都のお公家さんのようにも見えます。

〈おじゃる　おじゃる〉と言いながら、京の街なかを歩いていたお公家さんとおなじく、町家を縫うようにゆっくりと進む〈嵐電〉は心をなごませてくれます。

祇園祭発祥の地・元祇園

四条大宮から更に西へ。南側の歩道を歩くと坊城通との西南角に石の鳥居が見えてきます。ここは『元祇園梛《なぎ》神社』㉒といって、祇園祭発祥の地と言ってもいい、歴史ある神社です。

古く京の都に疫病が流行したとき、悪疫を祓って多くの人の病を鎮めるために、播磨国から牛頭《ごず》天王を勧請したのが当社のはじまりと言われています。貞観十一年のことだそうですから、千二百年近くも前の話ですね。

当時この四条坊城界隈には椰の林が広がっており、そのなかにお神輿を安置して、お祀りしたことが起源となっているようです。

そののちお神輿は、当時〈祇園社〉と呼ばれていた『八坂神社』へと遷《かえ》されることになります。その際にこの近辺の住民たちが、花飾りの風流傘を立て、鉾を振って楽を奏しながら、お神輿を祇園へと送ったことが、〈祇園会〉の起源とされ、それが祇園祭へと変遷していったのだといいます。

さして広くない境内ですが、式内社である『隼《はやぶさ》神社』もあり、近くの〈朱雀院〉との関連など、興味深い伝承を知ることができます。

西へ進むと西大路通と交差します。交差点名は西大路四条ですが、〈嵐電〉も阪急京都線も、どちらも駅名は西院。〈嵐電〉はサイイと読み、阪急のほうはサイインと読んでいます。

お城と賽の河原

戦国時代にはこの辺りに城郭が築かれ〈さいのしろ〉と呼ばれていたと知って驚いた

ことを覚えています。『二条城』以外にお城があったことはあまり知られていませんが、〈西院小泉城〉とも呼ばれていた城は、洛中洛外図屏風にも描かれていますから、本当に存在したのでしょう。

この辺りは山陰道へと通じる丹波口も近いことから、都を外敵から守るために建てられたものだったと推測されます。

そのいっぽうで西院は〈賽《さい》の河原〉に喩えられていたという説もあり、ここは冥土《めいど》へ通じる道だったとも言われています。

長い歴史のあいだにはいろんなできごとが起こり、今のように情報が発達していない社会では、その度にいろんな憶測が生じ、それが言い伝えられてきた結果、地名にも様々な起源説があるのだろうと思います。どれが正しいか、ではなく、それぞれの成り立ちに思いを寄せるのが、通り歩きの愉しみかたです。

都の西の鎮守・松尾大社

ここから先の四条通にはほとんど見どころがありません。西の端に建つ『松尾大社』[23]

のことだけ最後に少し触れておきましょう。

西へと延びる四条通は、桂川に架かる松尾橋を経て、『松尾大社』の朱の大鳥居へと至ります。そのまま道なりに歩くとやがて次の鳥居、そして楼門へと続きます。

最近ではお酒の神さまとしてよく知られるようになりましたが、古くこの地方に住んでいた人々が、松尾山の頂上近くにある大杉谷の磐座《いわくら》に祀って、守護神として尊崇したのが始まりと伝わっています。

のちに秦《はた》一族が一帯に住み着き、大宝元年になって今の場所に建てられた社殿へと、磐座の神霊を移したことで神社の形を成した、ということのようです。それは平安京が定められる百年近くも前のことだったと言いますから、まさに悠久のときを経てきた神社なのです。

『松尾大社』と書きますが、読みはマツノオタイシャです。

渡来民族である秦氏一族は、土木工事をはじめ、農業や織物産業など、あらゆる産業に通じていて、とりわけ酒造りに長《た》けていたことから、お酒の神さまとして崇められるようになったようです。それはしかし室町時代以降のことですから、後付けと言えなく

㉓

もありません。

それよりも秦氏一族が平安京遷都に果たした役割はとてつもなく大きなものがあり、それによって〈賀茂社〉と当社が皇城鎮護の社とされるようになったのは、平安京にとってきわめて重要なことだったのです。

四神相応の地として京都盆地に都が定められ、北を鎮護する『賀茂別雷神社《かもわけいかづち》』と西を鎮護する『松尾大社』のふたつの社は、ともに秦一族の影響を大きく受けた社として今に至っています。

広い境内のなかには厳かな本殿をはじめ、重森三玲《みれい》の遺作とも称される名園や、〈霊亀の滝〉などの見どころも多くあり、四条通歩きの掉尾《ちようび》を飾るにふさわしい神社です。

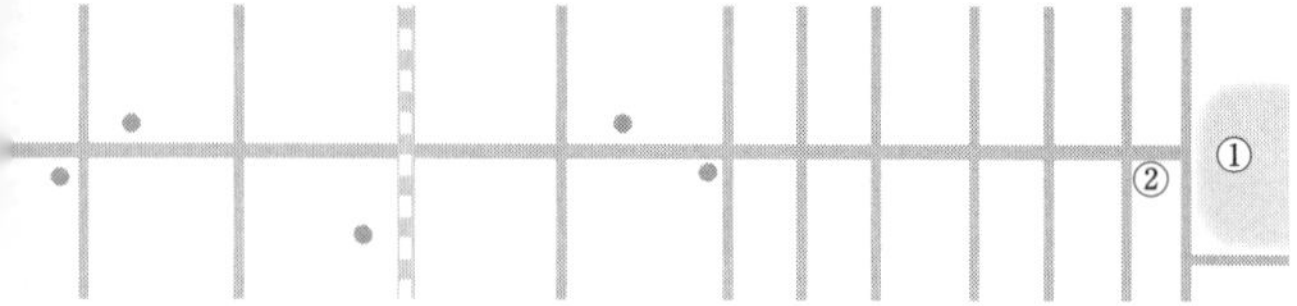

綾《あやの》小《こう》路《じ》通《どおり》

綾小路通という名を忘れても、或いは知らなくても、四条通の一本南の通り、と言えば誰でもすぐ分かるのがありがたいところです。それほどに四条通は広く浸透している通り名なのです。

平安京のころから同じ名前で、おそらくは京都で最も美しい名前の通りではないでしょうか。色目や模様が美しい絹織物のことを〈綾〉というのですが、その名が付いているせいか、この通りには古くから織物業を営む家が多かったといいます。話はその逆で、そういう職種の人たちが多く住んでいたことから綾小路と呼ばれていたのかもしれませんが。

東の端は寺町通、西の端は天神川の少し西まで、全長はおよそ四・六キロの通りです。

たった一本道筋が違うだけで、四条通の喧騒とは無縁の、閑静な空気が漂う綾小路通です。

歩きはじめの寺町通には『京都大神宮』[1]という神社があります。東京にもおなじ〈大神宮〉と呼ばれる社がありますが、これは明治維新以降、全国に『伊勢神宮』を遥拝できる施設を作ろうという動きに合わせ創建されたものです。言ってみればお伊勢さんの出張所といった感じですね。

昔ながらの街の食堂

綾小路通を西に向かって歩くと、最初に交わる御幸町通との東南角に『山乃家』[2]という食堂があります。繁華街のすぐ近くにありながら、手ごろな価格で美味しいものにありつける貴重なお店です。

うどん蕎麦、丼もの、定食など京都の食堂らしいメニュー構成ですが、この店での一番のお奨めは〈ドライカレー〉です。昔はあちこちのお店にありましたが、最近ではめったに見かけなくなりました。黄色く染まったヤキメシといった感じの素朴な味わいはクセになります。

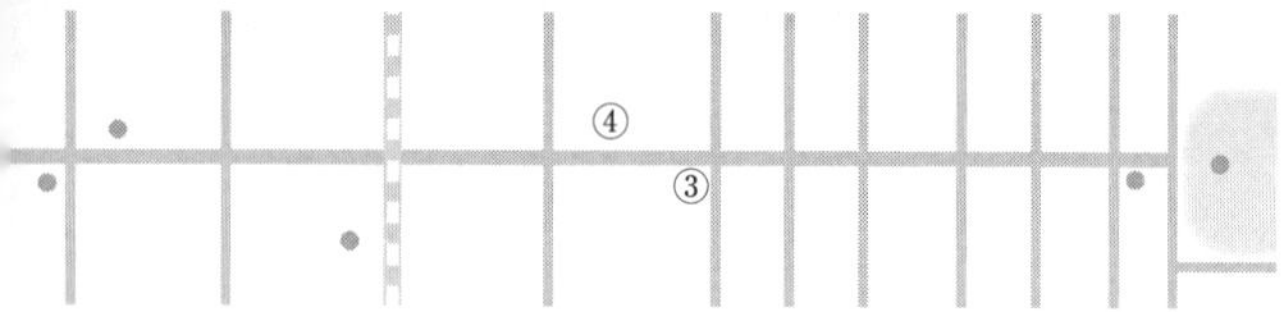

四条通界隈にはこういった手ごろなお店が少ないので、ぜひ覚えておいてください。〈ぶため〉といった謎めいたメニューもあり、訪れるたびに何かしら発見があるお店です。

綾小路通は狭い通りですから、車には充分気を付けながら歩きましょう。

ここから先、高倉通辺りまでは、取り立てて見るべきものがない道が続きます。

見どころではなく、食べどころですが、高倉通の西南角に建つ『和食晴ル』[③]はお気に入りの和食屋さんです。

スタイルは割烹ですが、コースではなくアラカルトで食べられるので、居酒屋っぽい使い方ができます。京都の割烹はほとんどがおまかせコース一辺倒ですから、こうしてアラカルトで食べられるのは貴重なことなのです。

人気のお店なので早めに予約しておきましょう。

昼間は開いていないお店が多い通りです。先を急ぎましょう。

伝説のやじりを納める神明神社

『和食晴ル』から少し西へ歩くと、右手北側に白い石の鳥居が見えてきます。ここが『神明神社』[4]。小さな社ながら由緒正しき神社です。

天照大神と菅原道真公という珍しい組み合わせの二柱を祭神とする神社です。

平安時代の末期に、近衛天皇がときおり皇居としたと伝わる、藤原忠通のお屋敷跡で、〈四条内裏〉とか〈四条東洞院内裡〉と呼ばれていたそうです。そしてその屋敷のなかにあった鎮守の社が、今の『神明神社』というわけです。

さて、この神社の鳥居をよく見てみてください。よく見かける朱の鳥居とは、色だけでなく、形も違っていることにお気づきになられたと思います。

鳥居の上の横柱、笠木と呼ばれるものが横一直線になっていますね。こういう形の鳥居を〈神明鳥居〉といいます。ふだんよく見かける鳥居は、両端が上の方に反っていますが、そちらは〈明神鳥居〉と呼ぶそうです。

そもそも鳥居は、天照大御神が天の岩屋に隠れたときに、八百万の神さまたちが鶏を鳴かせ、このとき鶏が止まった木を鳥居と呼んだのが始まりと言われています。

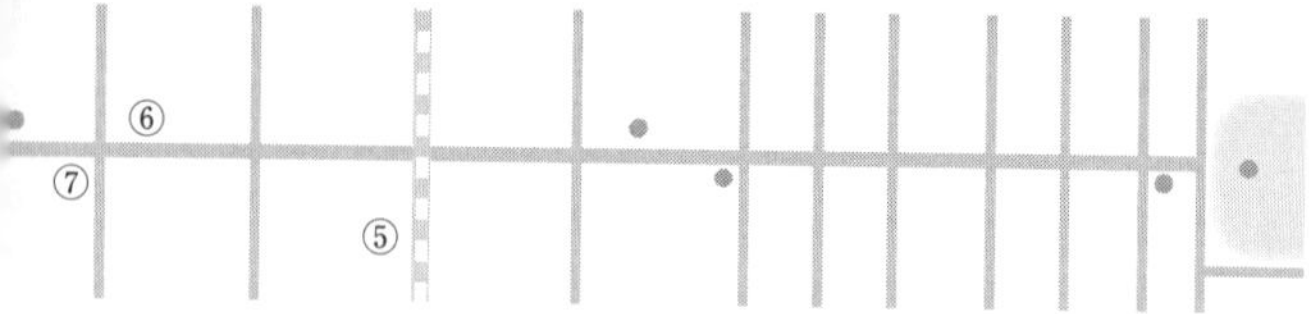

何気なく見ている鳥居ですが、様々な形態があるということを、この『神明神社』が教えてくれます。そしてこの神社にはある伝説が残されています。

竹屋町通のところで、怪鳥鵺のことを書きましたね。世間を騒がしていた鵺を退治しようと、弓の名手だった源頼政に白羽の矢が立ちます。『神明神社』に祈願をこめた後、頼政は見事に鵺を退治しました。このときに使われた弓矢の〈やじり〉二本が当社の宝物として伝わっているのですから、なんともリアルな伝説です。

鵺を一度見てみたかったと思わなくもありません。怖いもの見たさということです。

泊まって佳し、食べて佳し。からすま京都ホテル

西に歩くとすぐ烏丸通に出ます。通りの両側にビルが建ち並ぶなか、西側には『⑤からすま京都ホテル』があります。ホテルのオープンラッシュが続く京都ですが、このホテルはアクセス至便な場所にあって、手ごろな料金で泊まれる上に、和食と中華のレストランとバーを備えた、使い勝手のいい施設として地元の京都人からも人気を集めています。

地下鉄烏丸線四条駅への出入口からわずか三〇メートルで、エントランスに入れますから傘要らずなのもありがたいです。

京都に住まいながら、原稿を書くためによくこのホテルに泊まりますので、居心地の良さには太鼓判を押せます。和食も中華もひとりでも気軽に入れて、値ごろな価格で食事ができます。泊まって佳し、食べて佳しのホテルです。

一階のロビーや地下にはコンパクトなおみやげコーナーをはじめ、いくつかのショップが入っていますので、雨宿りなどにも最適です。日本中どこにでもある『スターバックス』も、このホテルのテラス席に座って烏丸通を行き交う人や車を見ていると、ほかでは味わえない情緒を感じることができます。

烏丸通から西に歩き、室町通を越えた北側に『大原神社』[6]という小さな社があります。祇園祭の〈綾傘鉾〉の会所にもなっている神社は、福知山にある同名神社の出張所としてはじまったようです。

カフェヨロズでオムライス

新町通の西南角から三軒目に、青いテント地のファサードが見えてきて、〈Cafe[7]

Yorozu〉と店名が書かれています。ずいぶんと今風のオシャレな雰囲気に思えますが、お店に入ってみると、意外なほど昔ながらのオーソドックスな喫茶店です。

カフェというくらいですから、お茶だけでもいいのですが、時分どきでしたら是非このオムライスを食べてみてください。

でもメニューも見ずに注文してはいけません。まずはメニューを開いてじっくりと見てください。オムライス専門店顔負けのたくさんのバリエーションがあります。それだけではありません。カレーやドリア、パスタに至るまで、実にたくさんのメニューが載っています。どれも美味しそうなので、このお店に来るといつも迷ってしまいます。

ドリンクもしかりです。ミルクセーキだとか、ソーダフロートなどのレトロなメニューもあれば、メロンミルキーやルシアンコーヒーなどの変わり種もありますし、夏場には数多くのフラッペがカラフルにメニューを彩ります。

こうしたさりげないお店が実は他に類をみない実力派だというのは、京都ではよくあることなのです。

新町通を越えてしばらく歩くと右手北側に、重厚な京町家が姿を現します。ここが『杉本家住宅』[8]。重要文化財にも指定されている、京都で最も有名な町家と言ってもいいでしょう。祇園祭の屏風祭などの際に公開されるほか、予約制ですが、解説見学コースも日にち限定で設定されますので、なかまでしっかり見学したい方はホームページをチェックしておいてください。外観だけならいつでもご覧になれます。本物の京町家と町家もどきの店との違いは一目瞭然かと思います。

二十六聖人

堀川通を越えてひと筋目、岩上通の東北角にある植込みをよく見てみましょう。緑に隠れていますが小さな石碑が立っています。〈妙満寺跡　二十六聖人発祥地〉と書かれています。今は洛北木野に移転していますが、ここにはかつて『妙満寺』というお寺がありました。

妙満寺町という町名も残っていますが、『妙満寺』はこの地にあったのを、天正十一年に秀吉の命によって寺町二条へと移転します。それから十年後の文禄二年、秀吉の招きで来日したペトロ・バプチスタという神父さんは『妙満寺』の跡地を与えられ，ここで布教活動を行ないました。

ところがそれからわずか三年後の慶長元年になると事態は一変します。秀吉がキリシタン追放政策に転換したのです。そして秀吉はあろうことか、自ら招いた神父を捕え、長崎に送って処刑してしまいました。その際に同行させられ、処刑された京都大坂の信者たちは、二十六聖人と呼ばれるようになったと言います。

政治と宗教の問題はいつの時代にも暗い影を落とすことを、植え込みに隠れた小さな石碑が語りかけてくるようです。

車一台通るのがやっと、という狭い通りが続く綾小路通ですが、大宮通を越えるとがらりと空気が変わります。通りの両側にずらりとお寺が並んでいるのです。

『西方寺』[9]『光林寺』[10]『法善寺』[11]『光縁寺』[12]『聖徳寺』[13]と、失礼ながら、ほとんどその名を知られていないお寺が、思いのほか立派な佇まいで建ち並んでいるさまは、ある意味で壮観です。

壬生川《みぶがわ》通を過ぎて、坊城通まで来ると、また空気が変わります。急に人通りも増えは

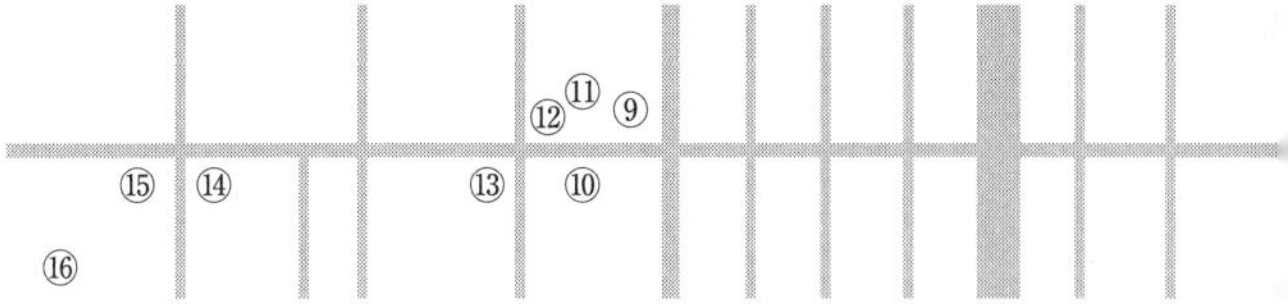

じめ、若い観光客の姿も目立つようになります。界隈は新選組の聖地のようになっているのです。

新選組の屯所だった『旧前川邸』⑭や、新選組発祥の地と伝わる『八木邸』⑮など、幕末ファンにはお馴染みの家もありますが、最もよく知られているのは、なんといっても『壬生寺』⑯でしょう。綾小路通から坊城通を南に下って、しばらく歩いた右手西側に立派な山門が建っています。

年に十二日間だけ公開〈壬生さんのカンデンデン〉

正暦二年に創建された当時は〈小三井寺〉とも呼ばれていたようですが、そののち正元元年に再建され、さらに正安二年、円覚上人が念仏狂言をはじめたことで、一躍その名を知られるようになったお寺です。『壬生寺』といえば〈壬生狂言〉。京都の人ならすぐにそう答えることでしょう。

都人たちが親しみを込めて〈壬生さんのカンデンデン〉と呼んでいる壬生狂言は、正式には〈壬生大念佛狂言〉といいます。

円覚上人が、身ぶり手ぶりだけの無言劇を仕組み、持斎融通念佛《じさいゆうづうねんぶつ》を考えついたのが、〈壬生狂言〉の始まりと伝わっています。今でいうパントマイムですね。スピーカーもない時代ですから、大勢の群衆に仏の教えを説くには、実に有効な手段ですね。

それがしかし、七百年という時間を越えて今に連綿と続いているのがすごいところです。節分、春と秋合わせて年に十二日間だけ公開されます。

三十ある演目にはそれぞれ、仏の教えが込められているといいますが、変わった趣向の演目もあります。

お煎餅《せんべい》を観客席に向けて投げる〈愛宕詣《あたご》り〉や、綱渡りを見せる〈鵺〉、紙の糸を蜘蛛の糸に見立てて、観客席に投げる〈土蜘蛛〉などが人気の演目ですが、なかでも炮烙《ほうらく》と呼ばれる素焼きの皿を割る〈炮烙割〉を見せ場とする演目が一番の人気です。

その〈炮烙割〉で投げ落とされる皿は一〇〇〇枚ほどにも及ぶそうですから、もったいないような、壮観なような、複雑な気持ちにさせられますが。

その狂言堂は綾小路通近くに建っていますから、通り歩きをしていると炮烙の割れる音が聞こえてくるのだそうです。

そしてもうひとつ。『壬生寺』といえば新選組です。

文久三年の春にここ壬生の地で結成された新選組は、この寺の境内で武道や砲術の訓練をしたといいます。境内の池に浮かぶ小さな島は〈壬生塚〉と呼ばれ、新選組の志士たちのお墓や、近藤勇の胸像や遺髪塔などがあります。

綾小路通はこれより西、天神川の西まで続きますが、通り歩きとしてはこの辺りまででいいとしましょう。

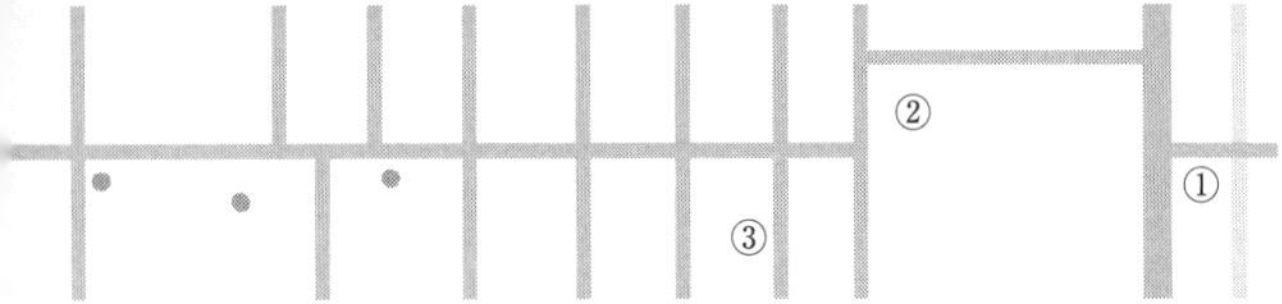

仏《ぶっ》光《こう》寺《じ》通《どおり》

意外に思われるかもしれませんが、東西の通りの名前にお寺の名が使われているのは、そう多くありません。なかでも現存するお寺の名前が付いた、東西の通りはこの仏光寺通と、あとは妙心寺道と東寺道くらいかと思います。

その仏光寺通の東の端は木屋町通で、西の端は佐井西通までの全長三・八キロの通りです。平安京のころは五条坊門小路と呼ばれていたようです。

木屋町仏光寺の東側には、鴨川を見下ろす『仏光寺公園』①があり、近所の子供たちの遊び場になっています。西に歩くとすぐ河原町通。少し北に上ったところから仏光寺通が続きます。

西へ向かって歩くと寺町通に行き当たって、今度は南に少し下ってから、また仏光寺通が西へと続きます。おそらくお寺などが移転したために、通りがずれてしまったのだと思います。

寺町仏光寺の少し南に『空也寺』[2]という小さなお寺があります。空也上人の像などがあるそうですが、拝観には事前予約が必要だということです。

学校給食のレトロ土産

仏光寺通を西に歩くとひと筋目が御幸町通です。ここを少し南に下って『京都市学校歴史博物館』[3]を覗いてみましょう。

聞き慣れない名前の博物館かと思いますが、その名のとおりです。

明治二年、番組小学校とよばれる学区制の小学校が、京都に六十四校つくられました。これは日本で初めての試みです。そんな番組小学校に関わる資料をはじめ，京都市内の学校で使われた教科書などの資料と、卒業生などが学校に寄贈した美術工芸品を収集して保存している博物館です。常設展示と企画展がありますが、両方観覧しても二〇〇円の入館料だけです。特に教育に興味がなくても充分愉しめ、京都の学校に通った方でなくても懐かしむことができます。

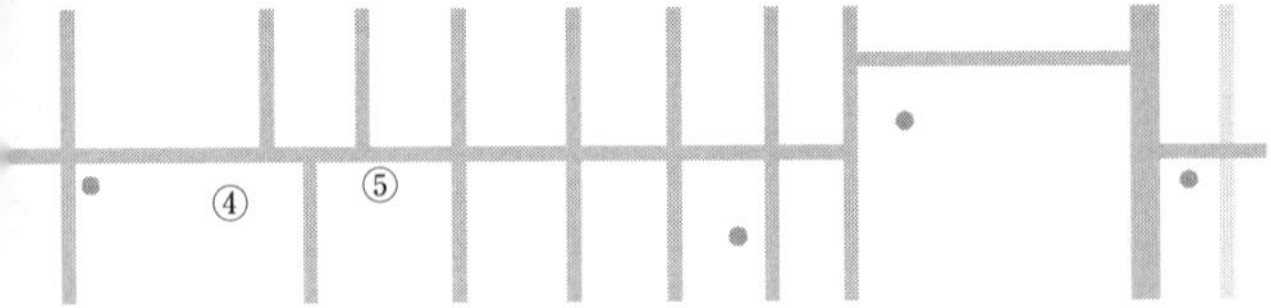

そして、この博物館を訪れたら是非とも入手しておきたいミュージアムグッズがあります。

それは実際に学校給食で使われていた中古のアルマイト食器です。中皿と大中小三種類のボウルの四つがセットになって、巾着袋に入っています。セットで三〇〇円で売られているのを僕はふた組買って、旅行などに持って行きます。軽くて割れないうえに、なんとなく味わいがあって、愛用品になっています。一風変わった京土産としても喜ばれると思います。

ミュージアムショップではほかにも、一筆箋やポストカード、クリアファイルなどのオリジナルステーショナリーを売っています。ガイドブックなどには載っていないレアグッズは、自信を持ってお奨めできます。

仏光寺通に戻って西に向かって歩くと、柳馬場通を越えた辺りの左手南側に、町家造りの長屋が見えてきます。

汁谷長屋で鮨

この風情ある長屋は集合店舗になっていて、和洋中の料理屋さんなどが六軒ほど店を並べています。『佛光寺』④には〈汁谷《しるたに》山〉という山号が付いているので、仲間内ではひそかにここを〈汁谷長屋〉と呼んでいます。

その〈汁谷長屋〉のちょうど中ほどに暖簾をあげる『ひご久』⑤というお鮨屋さんは、僕が長年ひいきにしているお店です。

以前は錦市場のなかにあったのですが、しばらくの休業期間を経て、二〇一四年の秋にこちらに移転してきました。

京都らしい落ち着いた佇まいの店は、九席のカウンター席だけで、奥には中庭もあり、風情漂う店で江戸前を基調としたお鮨が食べられます。

京都のお鮨は基本的に、箱寿司や棒寿司などの関西寿司がメインですが、近年は江戸前握りも人気を呼んでいます。祇園などには会員制の高額鮨屋も何軒かあるそうですが、市井の人間には無縁の存在です。そこへいくと、この『ひご久』はころ合いの値段ながら、本格江戸前鮨を京都らしい雅な空気のなかで食べられる、ありがたいお店です。最近では外国人観光客にも人気だそうで、海外の常連客もおられると聞きます。夜だけの営業ですが、ぜひ予約してお出かけください。

佛光寺の由来

ここから西、北は仏光寺通、南は高辻通まで『佛光寺』の境内が広がっていますが、かつてはその何倍もの敷地を誇っていたといいます。

先ずは通りの名前の由来ともなった『佛光寺』を訪ねることにしましょう。

『佛光寺』には四つの門があります。本堂門でもある〈阿弥陀堂門〉〈玄関門〉〈勅使門〉〈御影堂門〉とありますが、高倉通に面した〈御影堂門〉から入るといいでしょう。伸びやかな境内には〈阿弥陀堂〉と〈大師堂〉があり、別棟には食堂やショップもあるので、ゆっくりと拝観できます。

お寺の汁谷という山号ですが、現在の『京都国立博物館』辺りを汁谷と呼んでいて、かつてはこの『佛光寺』がその地にあったことに由来します。例によって、秀吉の命によって、汁谷から現在地に移転したゆえに山号として残っているのです。

さて、その『佛光寺』です。なぜお寺の名前が〈佛光〉なのかと言えば、まさに仏（佛）さまの光がこのお寺の原点だからです。

人をねたんだり、恨んだりするというのは世の常ですが、お寺もねたまれることがあるそうです。

このお寺が繁盛するようになると、それをねたむ人が現れ、ある夜にご本尊や宝物を盗み出し、竹やぶに投げ捨てたといいます。

その同じ日の夜、後醍醐天皇の夢枕に、ある竹林の一角にひと筋の光が差し込む様子が現れたのです。後醍醐天皇には見覚えのある竹林でしたから、すぐにそこへ人を使わせました。するとどうでしょう。そこで見つかったのは、阿弥陀如来の木像をはじめ、お寺で盗まれたもの一式だったのです。

仏さまが光を受けて見つかったことから、お寺の名が『佛光寺』となったのだといいます。もっとも、その場所は竹林ではなく、二条河原だったという説もあるそうですから、そのあたりは曖昧です。

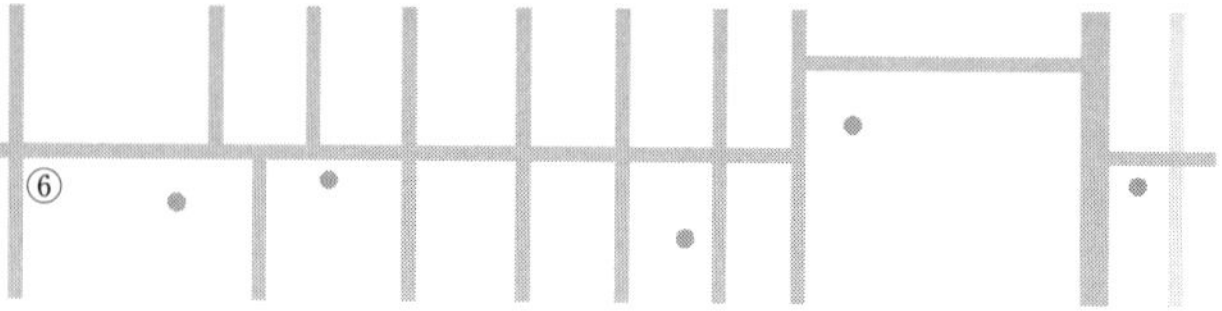

軽やかな町家洋食と蕪村

『佛光寺』を出て、さらに西へと歩きます。東洞院通の東南角に建っている『サフランサフラン』[6]というお店も僕のお気に入りです。

店の名前を聞いても、何屋さんか分からないような屋号ですが、夜には軽やかな洋食を食べながら、手軽なワインを楽しめるお店です。ハンバーグ、エビフライ、ビフカツ、カレー、オムライスと、どこにでもある洋食にみえて、ここでしか味わえない洋食は実にリーズナブルで美味しいのです。

古い町家をリノベーションしたお店ですが、空気が重くなり過ぎず、軽やかに洋食を愉しむことができます。

このお店はランチもやっていますから、仏光寺通歩きのオアシスとしても最適です。実は仏光寺通は、美味しいお店がたくさん並んでいる通りなのです。

烏丸通を越えて西へ歩くとすぐ、左手南側に整った民家ふうの建物があり、その前に駒札と石碑が立っています。ここは〈与謝蕪村宅跡〉[7]、俳人でも画家でもあった蕪村はここに住んでいたのですね。

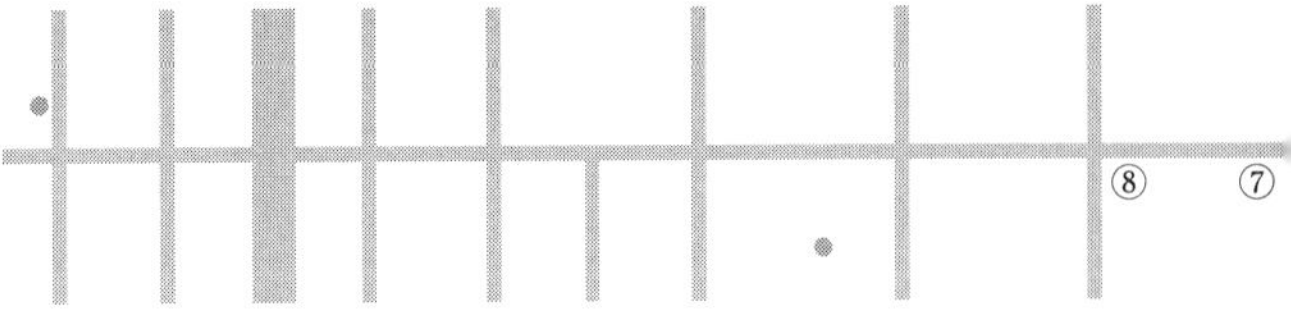

江戸で俳句を学んだ蕪村は、京の都に上り、居宅を転々と移したようですが、やがてこの地に落ち着き、最期のときもこの場所で迎えました。

京の日吉神社

西へ歩くと、ひと筋目が室町通です。その角近くに小さな祠と鳥居が見えます。『日吉神社』⑧という神社です。

『日吉神社』と言えば比叡山を越して、近江坂本の地に建つ、あの『日吉大社』を思い浮かべますが、この神社は、まさにその『日吉大社』から生まれたのです。

時の権力者である白河上皇をもってしても、思いのままにならないものを三つ挙げ、それを〈天下三不如意〉と呼んでいました。一つは鴨川の水、二つに双六の賽、そして三つ目が山法師です。

僧のような兵のような、両方を兼ね備えた僧兵は、朝廷や貴族に対して大きな不満を持っていて、『日吉大社』の神輿を担いで御所に参内し、不満をぶちまけたのだそうです。これをして強訴《ごうそ》と呼ぶようですが、白河上皇が言う山法師とは、どうやらその強訴を指すようです。

僧兵たちは、強訴の目的を果たすと、当時は森さながらの荒地だった、この場所に用の済んだ神輿を捨てていったといいます。罰当たりもいいところですね。

残された神輿だけを祀るのも如何なものか、となり、後世になって『日吉大社』から三柱を勧請し、社殿を建てたのが、この『日吉神社』の始まりだといいます。

そしてこの辺りの町名が山王町となっているのも、『日吉大社』の別名である〈山王宮〉からきています。拝殿の横には〈山王宮〉と書かれた大きな額が飾られているのが、その証でしょう。

この神社の周囲は鉾町に囲まれていて、祇園さん一色の界隈なのですが、ここだけは近江坂本、天台座主の管轄下にあったといいます。

それもしかし、明治維新までのことなのですが。

紅と白の飛梅・菅大臣神社

新町通を越えると菅大臣町という町名看板が出てきます。菅大臣とは、言わずと知れ

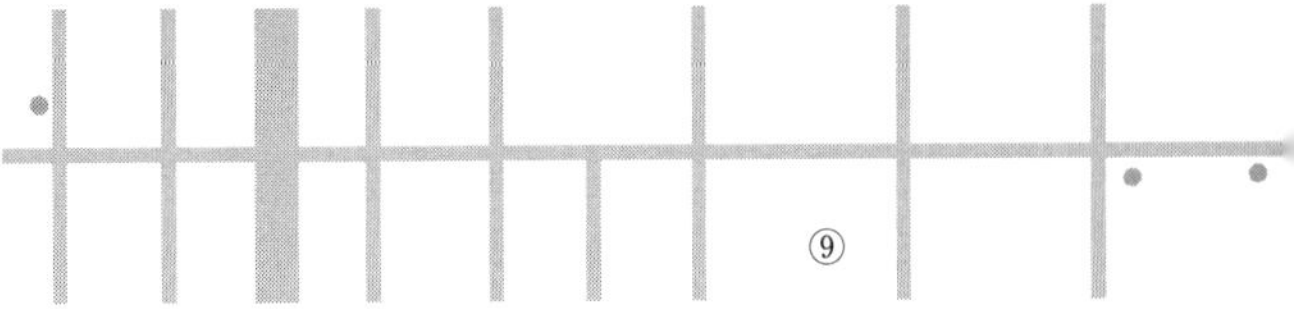

た菅原道真のことですね。左手南側に石の鳥居が見えてきて、その下に石畳の参道が続いています。ここが『菅大臣神社』⑨です。

はたして菅原道真公ゆかりの神社は、京都に何社くらいあるのでしょうか。そう思わせるほど、天満宮と名の付く社はたくさんあります。天満の名こそ冠していませんが、ここも当然のように道真公ゆかりの社です。

少し後戻りしますが、この鳥居から東に戻った北側に細道が北に伸びています。そしてその角に〈菅家邸址〉と刻まれた石碑が立っています。

細道の両側には民家が建ち並んでいますが、その間をまっすぐに進みます。参道はおろか、境内と呼べるようなものもありません。突き当たりに石の鳥居が建ち、両脇に石灯籠、その奥に小さな祠が建つだけという、なんとも寂しい佇まいの神社です。それがしかし、ひとしおの寂寞を感じさせてくれます。鳥居の額束に書かれた〈紅梅殿〉の文字も煤《すす》け、縦に割れ目すら入っているのです。

ここは『北菅大臣神社』で、別名を〈紅梅殿社〉といいます。

道真公が薨去《こうきょ》したあと、すぐに邸宅のあったところに神社が創建されたのですが、度重なる戦火によって周囲は荒廃し、やがて鎌倉時代に入ってから、南北の両社に分かれたといいます。

つまり辺り一帯が菅原道真公の邸宅だったということです。仏光寺通を中心にして、南北に二町、東西に一町といいますから、実に広大な敷地だったのです。まさに菅大臣町ですね。

醍醐朝では右大臣にまで上り詰め、出世街道まっしぐらだった往時を彷彿させる界隈ですが、一気に奈落の底へと落とされたのですから、さぞや無念だったに違いありません。

南側に建つ『菅大臣社』は北側のそれに比べれば、遥かに立派な神社で、駐車場を兼ねてはいるものの、石畳の参道が南に伸び、境内もそれなりの広さを保っています。〈天神さん〉お約束の牛も、立派な石像が二体鎮座し、鼻先に賽銭が置かれているのも、どことなく愛らしい感じがします。

この社で観るべきもの、その第一が〈飛梅の木〉です。

―東風《こち》吹かば　匂いおこせよ梅の花　主《あるじ》なしとて春な忘れそ―

住み慣れたこの地から、遠く太宰府へと旅立つときに、道真公が詠んだ歌はあまりにも有名ですが、その木がまさしくここに立っています。

誰もが深い感懐を抱く情景は、春になると一層際立ちます。紅梅が鳥居や石灯籠を桃色に染めるのです。

度重なる戦火で焼失した本殿、現在は『下鴨神社』から明治二年に移築したもののようです。三間社流造の優美な姿を今に残す本殿から更に奥へ進むと、道真公が産湯《うぶゆ》を使ったとされる井戸があります。梅の紋が描かれた蓋があり、井戸の中をうかがい知ることはできませんが、古くはきっと清らかな水が湧き出ていたことでしょう。産湯の井戸は、この社で見るべきものの第二です。

失意のうちに、道真公はここに戻ることなく太宰府で生涯を終えます。後を追った梅は彼の地で花を開かせ、芳しい香りを漂わせているのでしょうか。そんな思いにかられる神社です。

天道神社

西へ進み堀川通を渡ります。ふた筋目で交わるのが猪熊通。その西北角に建っているのが『天道神社』[10]です。

古くは長岡京に鎮座していた神社ですが、遷都と同時にこの地に勧請されたといいますから、長い歴史を誇る神社です。

その長岡京にこの神社があったころのお話です。

当時の村人たちが飼っていた牛が疫病に罹り、次々と倒れていきます。牛が全滅でもしようものなら、農耕ができなくなります。困り果てた村人たちは『天道神社』に連日お参りをして、疫病退散を祈願しました。すると、たちまちのうちに牛の病は癒え、一頭の犠牲をだすこともなく、疫病は終息したといいます。

そんなことがあったからでしょう。長岡京から京の都へと『天道神社』が移される日、村人たちだけでなく、牛までもが総出で見送り、名残を惜しんだそうです。

その最初の移転先は東洞院通の御池通を北に上ったところでした。当時は広大な敷地を持つ神社だったので、近くの御所から、しばしば公家たちが遊びに来たといいます。

⑩

そののちの乱や大火によって今の場所へと移って来ました。この地を下賜《かし》したのは織田信長だと言われています。

境内にはいくつもの祠があり、そのなかには〈約束稲荷神社〉や〈八坂社〉〈厳島社〉など名の知れた社が建っていて、更には〈天道天満宮〉という道真公を祀った社まであります。

ここから西は、壬生界隈を経て、西院へと続きますが、仏光寺通としては、さしたる見どころもありません。堀川通近辺で歩き終えるのがいいようです。

高《たか》辻《つじ》通《どおり》

先の仏光寺通はお寺の名前に由来していましたが、ではこの高辻通の名前の由来は、と言いますと、高い辻、すなわち標高が高いことを意味し、醒ヶ井通辺りが最も高い土地だったからと言われていますが、あまり納得のいく話ではありません。

実際に歩いてみると分かりますが、取り立てて高辻醒ヶ井辺りが高いとは感じませんただこの高辻通は、平安京の高辻小路にあたりますから、平安京のころにはそうだったのかもしれません。最近の京都では土地の高低差を比較する凸凹が話題ですから、この謎も解明してほしいものです。

それはさておき、高辻通の東の端は仏光寺通と同じく、鴨川にほど近い木屋町通、西の端は梅津辺りまでと言われていますから、六キロ弱の距離のある長い通りです。

高瀬川に架かる小さな橋を渡り、車も通れない細道を抜けると河原町通に出ます。ここから西の高辻通はいきなり広くなり、車が行き交う二車線の道路になります。これまで歩いて来た通りとは明らかに様子が違うのは、この通りが疎開によってできたものだからです。

第二次世界大戦の末期、この通りの近くにあった老舗や民家などは、綱で強引に引き倒されて更地になったといいます。ずいぶん乱暴なことをするものですが、その結果として広い高辻通ができたというわけです。

そんな歴史をふまえると、この通り沿いには歴史ある建築や名所はあまり期待できないということになります。

夕顔町

木屋町通から歩きはじめて、河原町通、寺町通、柳馬場通と、西に歩いてきても目を引くようなものはありません。高倉通の手前にもうひと筋あるので、堺町通とおぼしき道を南に下ってみましょう。

町名看板に夕顔町とあります。〈源氏物語〉に登場するヒロイン、夕顔にちなんだ町

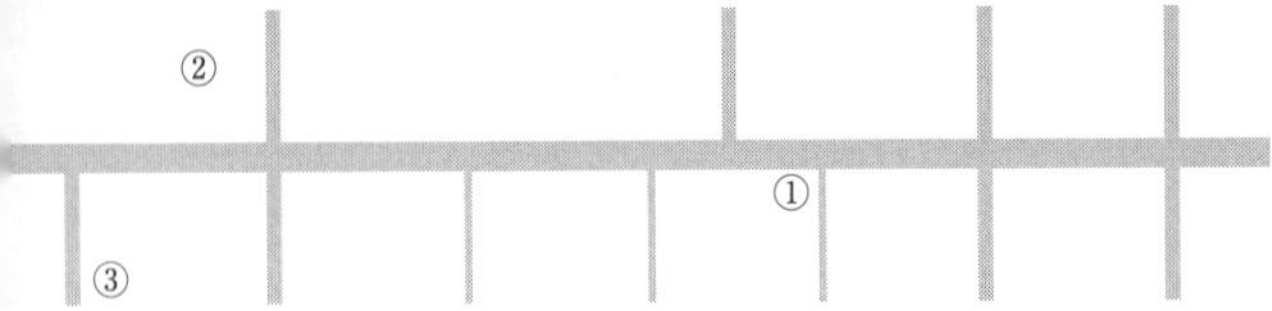

名ですが、その墓を記した石標が民家の敷地内に立っています。①〈源語傳説　五條邊　夕顔之墳〉と刻まれていますが、もちろん小説のなかの人物ですから、実際にお墓があるわけもなく、粋な趣向なのですが。

光源氏が十七歳のときのこと。見舞に行った乳母の隣家に咲いていた夕顔に目を留めた光源氏は、お伴に命じて取りに行かせます。すると屋敷に住む女性が和歌で答えを返します。高い教養を持つその女性に興味を持った源氏は、身分を隠して彼女のところに通いはじめます。

ふたりが逢瀬を重ねていたあるとき、逢引していた屋敷で、女性の霊が現れ、源氏に恨みつらみを言います。と、その途端に夕顔は倒れ込み、そのまま亡くなってしまいました。源氏は夕顔亡きあとも、その面影を追うことになるのです。

きっと美人薄命を地でいった夕顔を悼む町衆が墓を作ったのでしょう。粋なはからいだと思います。

因幡薬師

高辻通に戻って西へ歩くと、『ホテル日航プリンセス京都』[2]の向かい側、烏丸通へ出る手前に南へ下る道が見え、突き当たりには伽藍《がらん》らしき屋根が見えます。

ここは『平等寺』[3]というお寺ですが、京都の人たちはたいてい〈因幡薬師《いなばやくし》〉さんと呼び親しんでいます。

元々は橘 行平《たちばなのゆきひら》という人の邸宅でしたが、因幡の国へ出かけて京都へ帰ろうとしたときに、病気に罹ってしまったことが切っ掛けでお寺になったというのです。

行平が病の床に伏していたある夜、僧が夢に現れて因幡の賀留津というところの海中に浮木があるので、それを引き上げて供養すれば病は治ると告げました。

ひょっとするとそれは、薬師如来さまではないか。そう思った行平は病気を押しつつ賀留津というところにやって来ました。そこで出会った老人から話を聞かされます。

—この沖の海の底には、不思議な光を放っているものがあって、人々が恐れているのじゃが—

それだ、と気付いた行平は、すぐにそれを引き揚げてもらうよう漁師に依頼します。

引き揚げてみるとやはり薬師如来の像でした。お告げどおりに薬師如来像を供養すると病気が治ったのです。

因幡国に薬師如来像を安置した行平は、必ず迎えに来ると約束して帰京したのですが、あまりに務めが忙しく、すっかり約束を忘れ去っていました。

しばらく経ったある日のこと。玄関から呼び声がし、

―因幡の僧である―

と聞こえてきたのです。驚いた行平がすぐに門を開けると、そこには、あの薬師如来像が置かれていたといいます。行平はすぐさま邸宅をお寺に改築し、薬師如来像を安置したことから、このお寺が始まったということです。

因幡の国からはるばるやって来られた、このお寺のご本尊の薬師如来像は、日本三如来のひとつに数えられ、国の重要文化財にも指定されています。

ご本尊が薬師如来さまですから、当然のように病気平癒のご利益があるとされていますが、わけても癌封じの霊験《れいげん》あらたかなことでも知られています。

④

繁昌と班女

高辻通に戻って西へ向かうとすぐに烏丸通です。西へ渡ってまっすぐ進むと右手北側に小さな神社が見えます。

『繁昌神社《はんじょう》』④と書かれています。なんとも縁起の良い社名ですね。

清和天皇の時代のこと。藤原繁成という貴族の邸宅に、功徳池《くどく》という大きな池があり、その中の島に三人の女神を勧請し、祠を建てて祀ったのが当社の始まりとされています。

その女神のなかには、おなじみの弁財天さまも含まれていたため、財、の字から財運に結び付き、『繁昌神社』と名付けられたのだそうです。

弁財天をお祀りする神社は山ほどありますが、〈繁昌〉を直接名乗っている例はめったにありません。なぜこの社だけが。

と、いぶかって駒札を読むとその謎が解けました。

神社の前に立つ駒札を見ると、元は〈班女《はんじょ》の社〉とも〈半女の社〉とも称していた、とあります。つまり繁昌は当て字だったのです。

でも気になります。〈班女〉もしくは〈半女〉とはどういうものなのか。

⑤〈班女塚〉が近くにあると記されているので、まずはそれを探してみましょう。

駒札には、社の北西方向にあるとだけ記されていますが、道標も何もなく、それらしきものは見当たりません。界隈は、京都でも有数のビジネス街ですし、和装業界の本拠地でもあるので、ビルが密集しているだけです。塚などというものが、残されているようには、まったく見えないのです。何度も道を行き来し、道往くひとに訊ね訊ねて、ようやく見つけたのは、行き止まりかと思われた細い路地の奥。空地のような場所にあるこの塚は、どうやら人に見つけられたくないようです。

周囲は何処にでもあるような普通の住宅街です。目指す塚はそのすき間に隠れるようにして佇んでいます。おそらく元は神社の境内だったのでしょう。

想像をはるかに超える妖しさを湛えた、石というか、岩のようなものの周囲には〆縄が巻かれ、まるで蛇のように木の幹が石に絡み合っているのです。

その傍には祠も建っていて、〈住吉姫松〉と刻まれた石碑も納められています。パワースポットなどという軽い言葉はまるで似合いません。妖気が色濃く立ち込め、真冬に

⑤

訪れても首筋に汗が滴るほどの怪異な場所です。

それもそのはず、〈宇治拾遺物語〉にも登場する怪異譚の生まれた場所だったのです。

ふたり姉妹が居て、姉は結婚をし、独身だった妹が病を得て亡くなったことから、話は始まります。

少ないながらも親族が集まり、亡骸を棺に納め、荷台に載せて鳥辺野へと運びます。そして棺を下ろそうとすると、不思議なほどに軽いのです。不審に思った親族が棺の蓋を開けると中はもぬけの殻でした。さては途中で落としてしまったかと探すうち、何のことはありません。元の住処に残っていたのです。

うっかりにもほどがある。苦笑しながらも親族たちは真剣な顔つきに変わり、念入りにたしかめて亡骸を棺に納めます。

今度は大丈夫とばかりに鳥辺野に着いて棺をおろすと、また同じなのです。何度繰り返しても結果は同じ。どうやら住処に未練があるらしい、と周囲が気付き、それならば、と遺体をその場所に埋め、塚を作って菩提《ぼだい》を弔《とむら》ったといいます。

それがこの〈班女塚〉なのです。

〈宇治拾遺物語〉には、ざっとこんな話が載せられています。

ところで、班女というのは、どういう意味なのでしょう。

あくまで推測にすぎないのですが、班は疫病の象徴だったのではないでしょうか。流行り病で身体に班（斑）が現れているのを見て、それを蔓延させないよう、実際には鳥辺野へ運ばず、その場に埋葬した。そんなふうに推測してみたのですが。

それはさておき、この〈班女塚〉、京都を意のままに作り替えて来た秀吉には、よほど目障りだったとみえて、幾度と無く移転を試みました。しかしその度に災厄に見まわれ、よほど強い念があるに違いないと言って、ついには諦めてしまったと言います。あの強引な秀吉の腕力をもってしても敵わなかったという、この〈班女塚〉。驚くべき力を秘めているに違いないと思います。

高辻通に戻って『繁昌神社』にお参りしておきましょう。商売繁盛、弥栄《いやさか》をお祈りして、西へと進みます。

新町通、西洞院通、油小路通と進んで、醒ヶ井通までやってきました。さあどうでしょう。標高の高さを感じられますか。おそらくは否でしょう。

繁昌が班女だったように、高辻にもきっと他の意味が込められていたのだろうと思いますが、その謎はまだ解けずにいます。

堀川通を越えて、大宮通から西は昭和になってから新しくできた道ですから、通り沿いにめぼしい名所などはありません。次の松原通へと移りましょう。

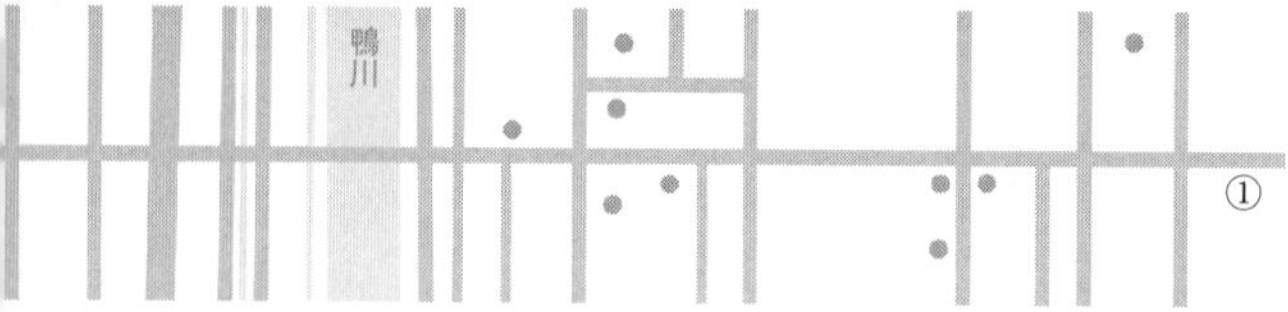

松《まつ》原《ばら》通《どおり》

少しばかりややこしいのですが、今は松原通と呼んでいるこの道は、平安京のころの五条大路にあたります。つまり、かつて五条通と言われていたのは、今の松原通なのです。

松原通の東の端は『清水寺』です。両側に土産物屋さんが並ぶ参道が終わり、〈仁王門〉へと至る石段が見えてきた辺りから西へ続く道が松原通です。

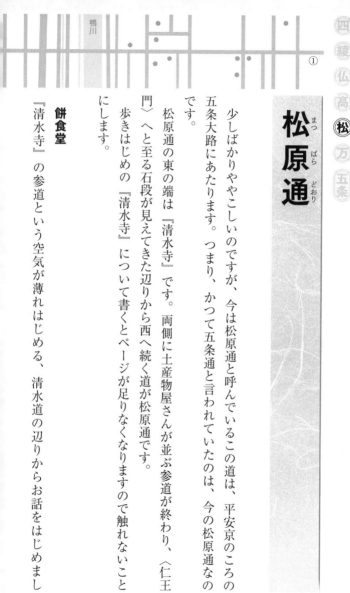

歩きはじめの『清水寺』について書くとページが足りなくなりますので触れないことにします。

餅食堂

『清水寺』の参道という空気が薄れはじめる、清水道の辺りからお話をはじめましょう。

東大路通から西に歩きはじめてすぐ、左手南側に『力餅食堂』[1]と大きな看板を掲げた食堂が見えてきます。京都の街を歩くと、そこかしこで同じような屋号の大衆食堂に出会います。〈大力餅〉〈相生餅〉〈千成餅〉などなど。お餅の名が付いた食堂は、その名のとおり、ほとんどはお餅屋さんからはじまったものです。

最初はお餅だけだったのが、餅菓子を売るようになり、続いてはお赤飯、やがてうどんやお蕎麦を提供する食堂になっていったわけです。なのでこういうお店のショーケースには、麺類や丼物のサンプルだけでなく、和菓子や赤飯なども一緒に並んでいます。こちらの『力餅食堂 加藤商店』もまさにそんなお店です。

うどんや丼など何を食べても安くて美味しいお店ですが、せっかくですからお餅の入った〈ちからうどん〉を食べてみましょう。京都のお店らしくやさしい味わいの出汁が効いたつゆがお餅にからんで、なんとも言えずいい味わいです。

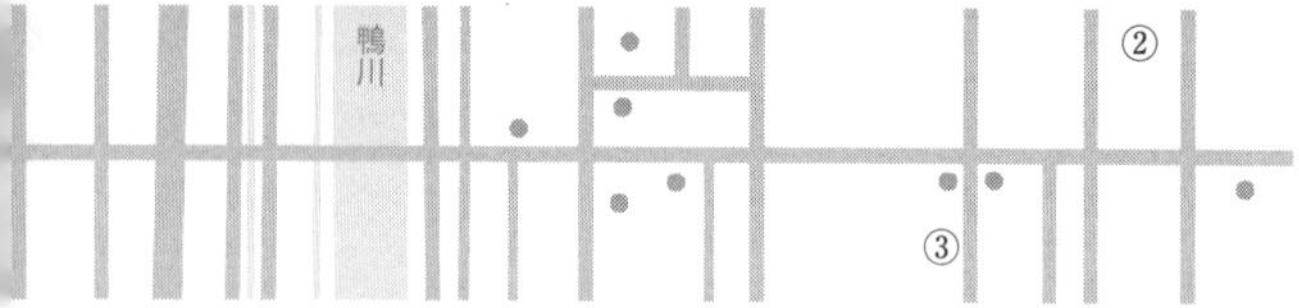

冥界への入口・六道の辻

松原通を西に進むとやがて、『六道珍皇寺』[②]が右手北側に見えてきます。このお寺の山門前には〈六道の辻〉と刻まれた石があります。

〈六道〉というのは仏教用語で、人間が死後にたどる六つの冥界を言います。地獄道、餓鬼道、畜生道、修羅道、人間道、天道の六つです。人は因果応報によって、死んだあとに、この六道を輪廻転生するというのが仏教の教えです。

ここ〈六道の辻〉はその分岐点で、つまりはこの世とあの世の境目にある辻なのです。言うなれば冥界への入口というわけですね。

〈班女塚〉のところでも触れましたが、鳥辺野という葬送の地は『清水寺』辺りにありましたから、棺をかついだ人たちは必ずといっていいほど、この辺りを通ったのです。京都市内で〈野〉が付く地名は多く、葬送の地だったことを表しているのですが、それほど多くはありません。

いっぽうで医学の発達していない当時は、頻繁に死者が出ました。それら多くの亡骸を運ぶのですからかなり混雑したことだと思います。今で言う渋滞も起こり、最後まで運ぶのをあきらめる人も出てきます。

適当に道端に埋めて、あるいは転がして帰ってしまう人も少なからず居たようです。

まさにあの世とこの世の境ですね。

お寺から西に進んだところにも、同じく〈六道の辻〉と書かれた石碑が立っていますが、そこから南に下った辺りには轆轤《ろくろ》町という町名が付いています。ここはかつては髑髏《どくろ》町だったと言います。町内のそこかしこに髑髏があったからでしょうが、あまりに不気味だということで、よく似た漢字の轆轤に町名を変えたと伝わっています。

『六道珍皇寺』には、かの小野篁《たかむら》が冥界へ通ったという井戸が残されていますし、盂《う》蘭《ら》盆《ぼん》の際にご先祖さまをお迎えする〈六道まいり〉という行事も古くから伝わっています。あの世への出入口を垣間見ておくのも悪くはありません。

同じ〈六〉が付いていても『六波羅蜜寺』[3]のほうは、また違った意味で足を運んでおきたいお寺です。

このお寺でよく知られているのは〈空也上人立像〉です。

半開きになった口から六体の阿弥陀さまが出てきている像は、きっと誰もが教科書な

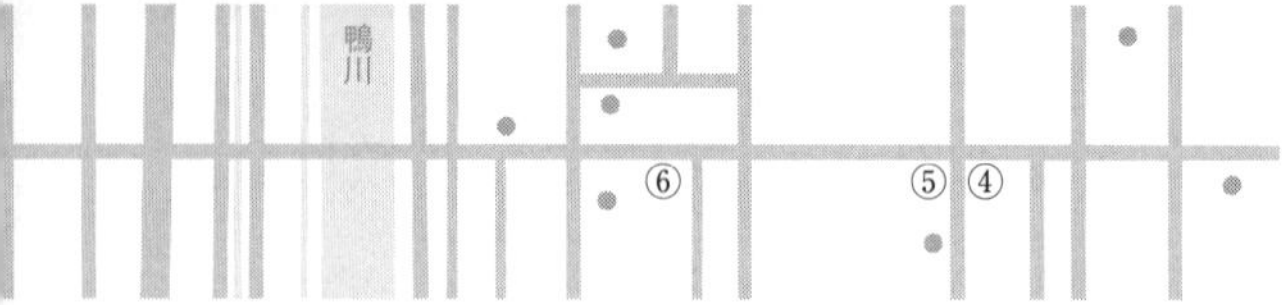

どで見た記憶があるはずです。実際には思ったよりもはるかに小さな像で、その精巧さには驚かされます。

天暦五年、その空也上人によって開創されたお寺には、かの平清盛坐像や、十一面観音菩薩さまなど、貴重な宝物が多く残されています。〈阿古屋塚〉や〈平清盛公乃塚〉など平家の悲運ゆかりの見どころもありますので、是非足を運びましょう。

あの世とこの世の境目・カレーラーメン

『六波羅蜜寺』から松原通へと戻り、〈六道の辻〉の石碑が立つ東南角には④『六波羅飯店』という街の中華屋さんがあります。この界隈へきたときには必ず立ち寄る、お気に入りの店です。

焼飯や餃子などお馴染みの中華料理は何を食べても安くて美味しいのですが、一番のお奨めは〈カレーラーメン〉です。

しっかりスパイスの効いたカレーとラーメンの相性は抜群です。

酢豚や焼飯、焼きそばなど、ほかの中華料理も美味しいのですが、お店に入って、ほかのお客さんがカレーラーメンを食べていると、その匂いにつられて、ついカレーラーメンを頼んでしまいます。

カレーはあの世とこの世の境で食べると格別の味わいになります。

同じ辻の反対側、西南角に建つ『西福寺』[5]には六道を描いたおどろおどろしい絵図があります。この世に戻ったかと思えばまたあの世。ジェットコースターに乗っているような〈六道の辻〉は、松原通を象徴しているように思います。

病気平癒の洗い地蔵

西へ進み、大和大路通を越えて次の道を南に下ると『寿延寺』[6]という小さなお寺があります。広く知られているわけではありませんが、このお寺にある〈洗い地蔵〉を信仰する人は、近くの花街宮川町にもたくさんおられます。

地蔵と名は付いていますが、お地蔵さまではなく〈浄行菩薩〉と呼ばれる菩薩さまで、この像を洗い清めると病気平癒などのご利益があると言われています。

近くの手水鉢から水を汲んできて、丁重に〈洗い地蔵〉さまにかけます。そのあと置

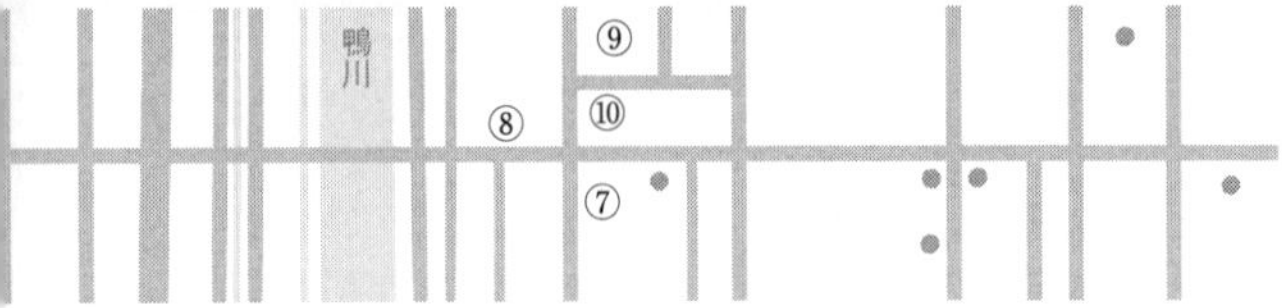

いてあるタワシで〈洗い地蔵〉さまをこすります。そのときに、自分の体の悪い部分と同じところをこすると病が癒えると伝わっています。最後に〈南無妙法蓮華経〉と法華経を唱えて終了です。

こうした民間信仰が深く根付いているのも京都の特徴です。一見バカバカしく見えますが、心を平らかにして祈るという行ないは、それだけで清々しくなるものです。

宮川町の美味しいお店

松原通に戻って次の西の道が宮川町通です。

京都五花街のひとつで、祇園に比べて親しみやすいのが特徴ですが、食についてもおなじことが言えます。

松原通から宮川町通を下って少し歩いた左手東側に『名月堂』⑦という和菓子屋さんがあります。と言っても仰々しいお店ではなく、いたって気軽な街のお菓子屋さんです。季節の行事にちなんだお菓子も並んでいますが、このお店の名物ともいえる〈ニッキ餅〉をお奨めしておきます。

普段使いのお菓子で、ニッキの香りと独特の食感はクセになります。

松原通に戻って、松原橋近くに店を構える『グリル富久屋』[8]も長い伝統と歴史を誇る洋食屋さんですが、気安い雰囲気のお店で美味しい洋食がのんびり味わえます。

名物は〈フクヤライス〉。目にも美しいオムライスは宮川町の舞妓さん御用達です。ほかにも、ぎっしりおかずが詰まった〈洋食弁当〉や、舞妓さんや芸妓さんでも大きな口を開けずに済むようにと工夫を凝らした切り口の〈カツサンド〉など、手ごろな価格で愉しめるお店です。

少し気取ったお店なら『宮川町歌舞練場』[9]横の細道に暖簾をあげる『宮川町さか』[10]をお奨めします。京町家をリノベーションした下風情漂うお店で、和を意識した極上のフレンチを味わうことができます。

京都を中心にした食材をフレンチに仕立てるのですが、場所柄もあって和の要素も多く取り入れているのがこのお店の特徴です。そして何より人懐っこい大将の人柄もあって、心安らかに優雅な食事を愉しむことができます。

松原通に戻って、『グリル富久屋』のすぐ西には鴨川が流れていて、松原橋が架かっています。

弁慶と牛若丸の出会い橋

最初に書いたとおり、この松原橋は、かつては五条橋だったのです。今の五条大橋は、豊臣秀吉が天正年間に、『方広寺』の大仏殿を造営するときに、今の場所に移したもので、ややこしいのですが、もともとは、この松原橋の位置に、五条の橋は架かっていました。

ということは、

―京の五条の橋の上　大のおとこの弁慶は　長い薙刀《なぎなた》ふりあげて　牛若めがけて切りかかる―

という、あの童謡に歌われた、弁慶と牛若丸の出会いの場は、この松原橋だったことになります。そう思うとなんだか立派な橋に見えてくるから不思議です。

どんな出会いだったかを振り返ってみましょう。

弁慶は千本もの刀を集めて、それを宝ものにしようと、夜になると京の街をさまよい歩きます。そして武者を見かけると戦いを挑み、その刀を奪い取っていたのです。連勝につに次ぐ連勝。よほど強かったのでしょう。九百九十九本まで集め、いよいよあと一本で千本というときに出会ったのが牛若丸です。

今の松原通に架かっていた当時の五条大橋を、笛を吹きながら通る若者を見つけた弁慶は、すぐさま戦いを挑みましたが、若者は弁慶の長刀を簡単にかわしてしまいます。身が軽い若者は橋の欄干に素早く飛び乗り、まるであざ笑うように弁慶を翻弄します。

ここからはるか北にある鞍馬山《くらまやま》の山中で、きびしい修業をしていたのですから、牛若丸にとって弁慶などはたやすい相手だったのでしょう。

とても敵わないと悟った弁慶は、降参して牛若丸の家来になりました。

この若者が牛若丸、のちの源義経だったというお話です。たしかに多くの車が行き来する、今の五条大橋では、そんな場面を想像しにくいのですが、この松原橋なら目に浮かんできますね。

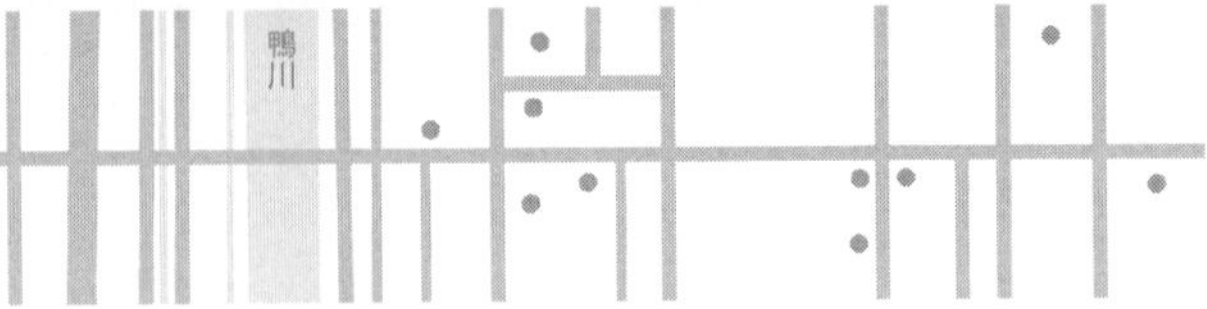

松原のお不動さん

橋を渡って、河原町通を越えても、松原通は細道ながらも真っすぐ西へと続きます。麩屋町通の東南角に駒札が立っていて、その奥には『明王院不動寺』[11]という小さなお寺があります。いわゆる〈お不動さん〉ですね。

松原通にあることから〈松原不動〉とも呼ばれているこのお寺は、持統天皇の時代に開かれたようですが、そののち弘法大師が自分で作った〈石仏不動明王〉を安置してから改宗したといいます。

平安京を定めた際に、桓武天皇は王城鎮護を目的として、都の四方の磐座に経巻を納めましたが、そのうちのひとつ〈南磐座〉がこの〈お不動さん〉だと伝わっています。

更に長い時を経て、聚楽第を造営したときに、秀吉がここにあった〈お不動さん〉を持ち帰って聚楽第に安置しましたが、夜になると不思議な光を発し、霊験を感じたので、再度この地に戻し、堂舎を建てて安置したとも言われています。ガイドブックにも載らない小さなお寺ですが、なかなか強力な力を持っているようです。その歴史を物語るようにこの界隈には石不動之町という町名が付いています。

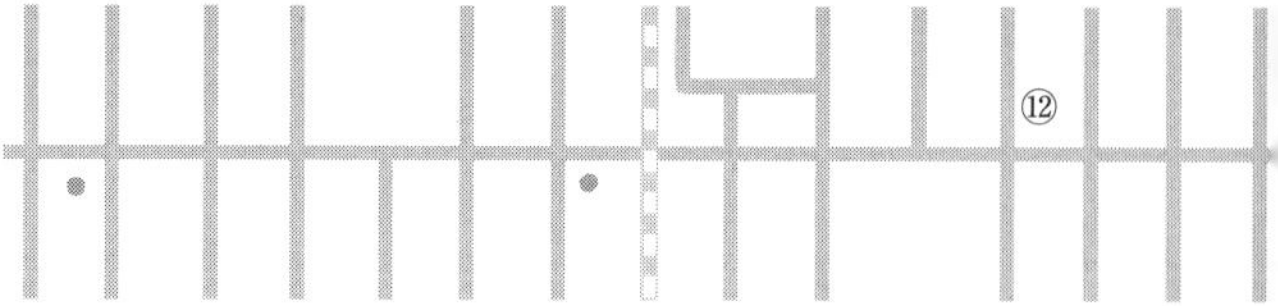

京都で最小？小さな洋食屋さんのオムライス

西へ歩き、高倉通まで来たら北へ少し上ってみましょう。ここには僕が通いつめている洋食屋さんがあるのです。

京都にはたくさんの洋食屋さんがありますが、この『ますや』[⑫]というお店がおそらく最小だろうと思います。

〈お弁当〉と白く染め抜かれた赤い幟《のぼり》が風にはためいていたのを見つけたときは、てっきりお弁当屋さんだと思いました。しかしよく見るとガラスドアの奥にお店らしきスペースがあるので、思い切って入ってみました。

七人も座れば満席になるL字型のカウンター席の内側に、小さな厨房があるだけの狭い店は二坪ほどでしょうか。

ご主人夫婦だけで切り盛りする店は、店内で食べる人と持ち帰りのお客さんが半々といった感じです。これまでも安くて美味しいお店を紹介してきましたが、ここはその筆頭格です。僕がいつも食べるオムライスやヤキメシは四五〇円です。スープ付きだと五〇〇円。それでいて量もしっかりあり、もちろん味には文句のつけようがないほど、いつ食べても安定の美味しさです。

オムライスは大好物のひとつなのですが、僕はここのオムライスが一番好きです。ケチャップライスを薄焼き卵でくるみ、帯状にケチャップソースを掛けるという、王道を往くオムライスには絶品という言葉を使いたくなります。

ひっきりなしに注文が入るお弁当は、さまざまなバリエーションがあって、ハーフサイズのオムライスにおかずが付いたものなどもあり、それらも破格の安さです。ご主人夫婦の息の合った仕事ぶりも見ていて気持ちがいいお店。覚えておくと、きっと重宝すると思います。

更に西へと歩を進め、烏丸通を渡りながら、ふと気になったのは松原通という名の由来です。これまで歩いてきて、松原らしきものはまったく見当たりませんでしたが、過去にはあったのでしょうか。

松原通の松原

その答えは烏丸通を越えてすぐ、左手南側に立つ石の鳥居にありました。『⑬新玉《にいたま》津島《つしま》

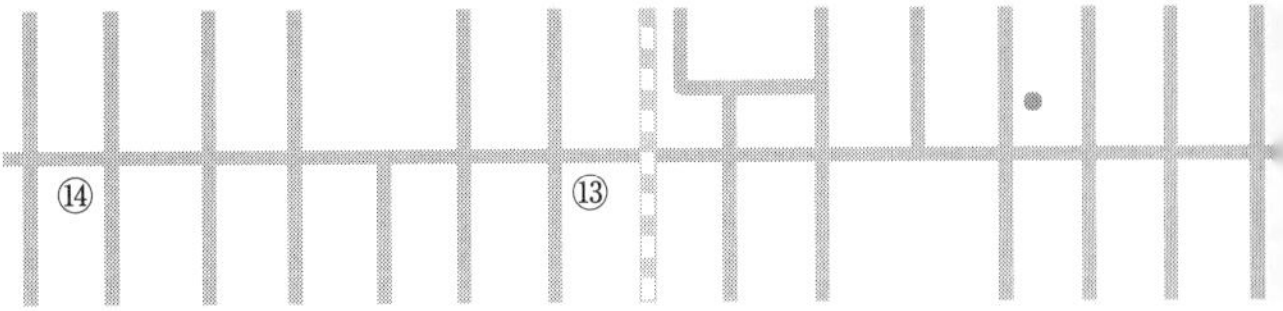

神社』です。

そろそろ鎌倉時代に移ろうかというころのことです。歌人として名高い藤原俊成が、紀州和歌山の『玉津島神社』に祀られている衣通郎姫《そとおしのいらつめ》を自邸のなかに勧請したのが始まりとされている神社です。だから〈新〉が付いているのですね。

俊成の邸宅にはみごとな松並木があったそうで、それが松原通の由来になったと伝わっています。

かつては広い敷地だったのでしょう。これより西、室町通辺りまで玉津島町という町名が付いています。ひょっとするとこの界隈にまで松並木が続いていたのかもしれません。その光景を思い浮かべると、なるほど松原通です。

天使突抜

通り名の由来も分かり、すっきりした気分で西へと歩くと、広い西洞院通と交わります。この交差点を渡ってすぐ南に『[⑭]五條天神宮』があります。この神社は通りの名ではなく、とある町名にその由来を残しています。

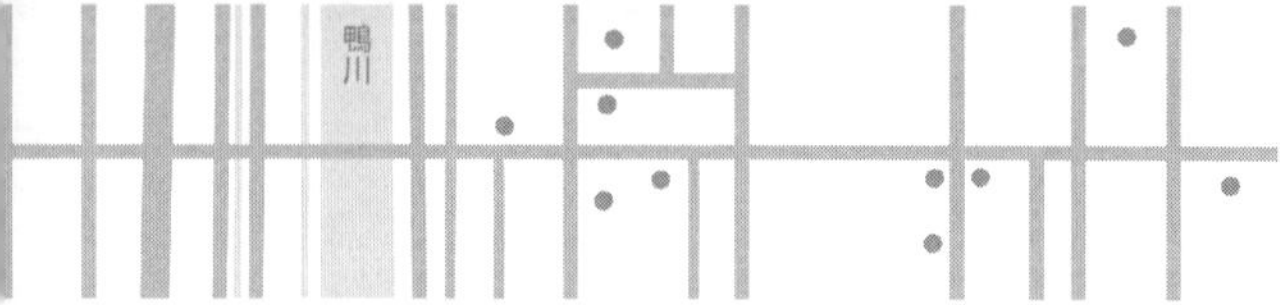

マンションと民家にはさまれて、窮屈そうにしている神社ですが、かつては界隈一帯に境内を広げる広大な敷地を誇る大きな神社だったようです。

この神社の近くに付いている町名、それは〈天使突抜《てんしつきぬけ》〉です。ほかにはない珍しい町名は、この神社が広大な敷地を持っていたことに由来しています。

例によって、そこに大きく関わっているのは秀吉です。

寺町通をはじめとして、数々の区画整理をした秀吉は、当時の上京の賑わいをなんとか下京にまで広げようとし、広い通りを計画します。しかしその計画に立ち塞がっていたのが『五條天神宮』です。

ふつうならそこで諦めて別ルートを計画するのですが、何ごとにも強引な秀吉は『五條天神宮』の境内を突っ切る道を作ってしまいました。

その横暴さにあきれた近隣住民は、誰言うとなくここを〈天使突抜〉と呼び、精いっぱいの皮肉を表しました。

現存しているだけでも、〈天使突抜〉という町名は一丁目から四丁目までありますから、境内を突っ切る通りは短くはなかったようです。

通りは移動するわ、神社の境内に道を通すわ、と思いつくままに行動した秀吉の横暴は、このあとの通りにも続きます。

それは後述するとして、松原通はここから西にも続きますが、通り歩きの愉しみはこの辺りでおしまいにしましょう。

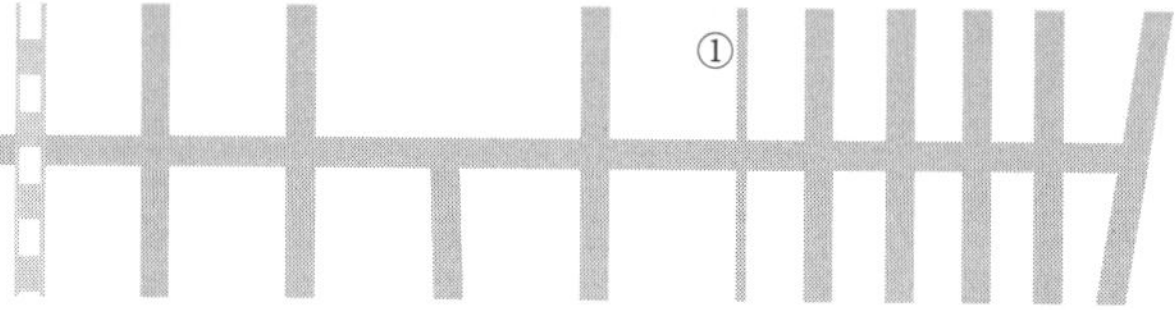

万《まん》寿《じゅ》寺《じ》通《どおり》

通りはあってもお寺はありません。万寿寺通の名の由来となった『万寿寺』は、かつて万寿寺通高倉を少し下った辺りにあったようですが、今では『東福寺』の塔頭《たっちゅう》となって、東山区の本町に移転したので、現在万寿寺通に『万寿寺』はないのです。

通りの名前に名を残すほどですから、往時の『万寿寺』は、『相国寺』や『天龍寺』『東福寺』『建仁寺』とともに、京都五山のひとつに数えられるほどに栄えていました。

なぜそのお寺が塔頭というかたちになったかと言えば、火災による焼失だったと言いますから、火事は怖いですね。とは言え、焼失後に再建したお寺や神社はいくらでもありますので、おそらくは権力争いに敗れたか何かでしょう。

その万寿寺通の東の端は寺町通で、西の端は佐井西通。三キロにも満たない通りですが、平安京のころには樋口小路と呼ばれていました。

寺町通と河原町通が合流する辺りが、万寿寺通の東端です。

よく整備されてはいますが、車一台通るのがやっと、という狭い通りには仏壇屋さんや仏具商が軒を並べています。

慶応元年創業の店をはじめ、長い歴史を誇るお店が多く、万寿寺通には今も十軒ほどの仏具関係のお店が並んでいますが、最盛期には三十軒以上あったといいますから、仏具ストリートだったのですね。ここもまた、あの世に近い場所なのでしょうか。

鐵輪の井と丑の刻詣り

それと関連があるのかないのかは分かりませんが、西に歩いて四筋目の柳馬場通を越えて、次の細道を北に上ると『①鐵輪《かなわ》の井』という、身の毛もよだつ怖い奇譚が伝わる井戸があります。

〈鐵輪〉という謡曲やお能の演目にもなっている井戸が、今も実際に残っているのです。怖いもの見たさでちょっと覗いてみましょう。

うっかりすると見過ごしてしまいそうな小さな石碑が立っています。目印となるのは、ビルと民家のあいだに立つ、〈鐵輪跡〉と刻まれた、その小さな石碑だけなのです。

しかし入口は、民家の玄関のようなアルミ戸で閉じられています。素通しになった縦格子戸の奥には狭い路地が奥に続いていて、人ひとり通るのがやっと、という狭さです。この戸を開けていいものやら、きっと誰もが戸惑うことでしょう。

おそるおそる引き戸を開けて、ゆっくり奥に進むと右奥に朱の鳥居が見えます。

小さな鳥居の横には駒札が立っていて、その由来が書いてあります。

謡曲の〈鐵輪〉は、男に捨てられた市井の女が、丑《うし》の刻詣《こくまい》りをして、相手の男とその後妻を呪い殺そうとする話で、その女はどうやらここに住んでいたようなのです。

一説にはこの井戸に身を投げて死んでしまったとも書いてあります。

丑の刻詣りとは、五徳と呼ばれる鉄の輪の三隅に、火の点いたロウソクを立て、それを頭に載せて、鬼の化粧をして深夜の二時ごろに神社にお参りするというものです。そしてその神社とは山深い洛北の『貴船神社』だそうで、となると五条近くから貴船まで、その姿で参らねばなりません。想像するだけでも怖ろしい光景ですね。

そんな伝説から、この井戸は縁切りの井戸として知られ、昔はこの井戸で水を汲み、それを別れたい相手に飲ませる、という風習があったと言います。

井戸が涸れてしまった今では、ペットボトルに入れた水を井戸の縁に何日か置いておくと、縁切りの効果があると言われ、実際にペットボトルが置いてあるのを何度か見かけたことがあります。

これを迷信だと言いきれないのは、この近くを掘り返したときに、たくさんの五徳でできた鐵輪が出てきて、それを塚にして弔っていたという事実があるからです。

丑の刻詣りは七日で満願になるそうですが、この女性は六日目にこの井戸の前で息絶えてしまい、願いが叶わなかったというのですから、相当な怨念が籠った井戸ということになるのでしょう。

涸れてしまってはいるものの、そんな怖ろしい伝説が伝わる井戸が、今も街なかにひっそりと残っている。京都は怖い街ですね。

さて、万寿寺通もまた、ここまでで充分ではないかと思います。

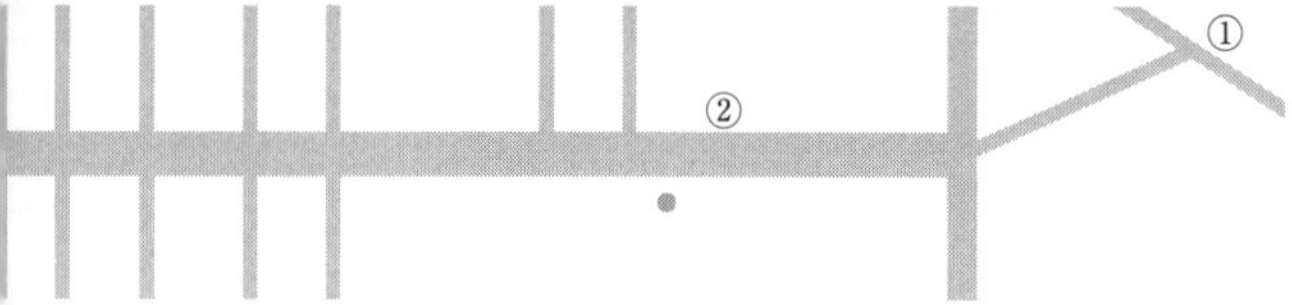

五《ご》条《じょう》通《どおり》

先に書きましたように、以前の五条通は松原通にありました。そして今の五条通は平安京の六条坊門小路です。更に五条通は第二次世界大戦の末期に、空襲による延焼防止を目的として、五条坂辺りから堀川通近くまで強制疎開され、その結果、京都一広い通りになりました。

国道一号線や八号線、九号線と、日本の大動脈とも言える国道が五条通と重なっていますから、その交通量も半端なものではありません。

ということは、裏を返せば歩くよりも車に乗って通る道、となります。あまりに広すぎて、道路の反対側へ渡るのもひと苦労です。そして強制疎開に遭ったのですから、古い建物など残っていようはずがありません。

「まるたけえびす……」の通りうたが、丸太町通から五条通までは正確に順を追っていて、今でもそのまま通りが残っているので、書き進めてきましたが、正直なところ、五条通は歩いて愉しい通りとは言えません。バスにでも乗って通過するくらいがちょうどいい通りです。それもしかし渋滞に遭えば、時間だけが過ぎていきますので、ラッシュの時間帯を避けねばなりません。

『清水寺』の門前から松原通をたどり、『七味屋本舗』[1]さんの前で二股に分かれた南側の道が五条坂。ここを五条通の起点としてもいいかと思います。

若宮八幡宮は陶器神社

五条坂といえば夏の陶器祭が有名ですね。川端通までの五条通の両側にずらりと露店が並び、通りに店を構える陶磁器のお店も遅くまで開いていて、やきもの好きには堪えられないお祭です。

そのお祭の元となっているのが『若宮八幡宮』[2]。五条通の北側に鳥居が立っていますので参拝しておきましょう。

〈若宮八幡宮〉という名前の神社は日本各地にありますね。八幡宮の若宮といった意味

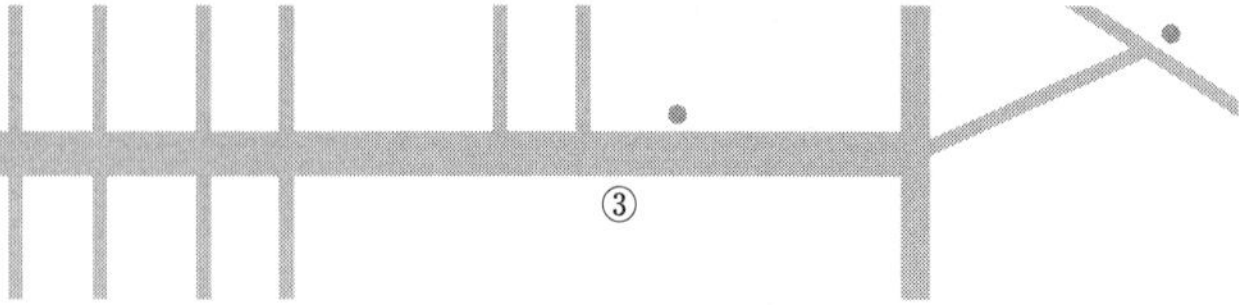

でしょうから、各地の八幡さまから若宮を勧請した神社の総称とも言えます。

しかしこの五条通にある神社は別名を〈陶器神社〉と呼ばれているように、陶磁器の神さまもお祀りしているそうです。この辺りが清水焼の発祥の地だからだそうで、夏の陶器祭もこの神社のお祭りでもあるのです。

応仁の乱ののち、慶長十年になってこの地に移転してきましたが、元は六条西洞院近くにあった神社です。今もおなじ名前の神社がその近くに建っています。

そちらの神社の由緒によると天喜元年の創建だそうです。

文治三年ごろには広大な土地を社地として寄進されたとも記されています。源頼朝の崇敬を得て、同じ年に放生会《ほうじょうえ》を行ったのだそうです。放生会と言えば、京都では『石清水八幡宮』で行なわれるそれが有名ですが、源義家は、その『石清水八幡宮』で元服したことから〈八幡太郎〉と呼ばれるようになった武士です。話はちゃんと繫がっていますね。

更に時代は下って室町時代になると、足利家の宗敬を得て益々栄え、本殿の他に、公文所や桜門三重塔を擁する壮麗な殿舎だったといいます。

そういえばこちらの五条坂のほうにも、足利家ゆかりの石が境内に残っています。境内の小さな祠に祀られた石は〈蓬莱石《ほうらい》〉と名付けられていて、少し変わった模様が浮き出ています。なんでも足利尊氏が重い病気に罹った際、この石を神社に奉納したら、たちどころに快癒したと伝わっているのだそうです。

最近この神社は、美人になれる神社をアピールしているようで、拝殿の前には全身が映る鏡が置かれていて、拝礼の前と後では姿が違って見えると言われているそうです。当然のことながら、拝礼したあとのほうが美しく見える、というわけです。

この神社といい、『御金神社』といい、神さまも積極的にアピールする時代になったのですね。

民藝の館・河井寛次郎記念館

そしてその、ちょうど向かい側にある細道を入ったところにあるのが『河井寛次郎記念館』③。是非足を運びたいのですが、広い通りを渡るのには少しばかり遠回りしなければなりません。

五条通から入って、それほど歩かずとも目指す建物にたどり着けます。最近になってまた注目を浴びている民藝運動。その中心となって活躍した、河井寛次郎の住まいであり、工房でもあった館を公開していますが、民藝に興味を持たない方にも是非お奨めしたい記念館です。

建築としての民藝の素朴な美しさ、〈炎の人〉とも称された河井寛次郎の熱い言葉が、館内のあちこちで散見され、異色の記念館ながら見ごたえの多いところです。

ちなみにこの記念館のひと筋南にある東西の通りは渋谷通。仏光寺通のお鮨屋さんのところでお話ししました汁谷転じて渋谷は、ここから東に続いています。

五条通に戻って、西へと歩きます。北側を歩いたほうがお店も多くて愉しいように思います。

五条大橋を渡ると、中央分離帯の緑に隠れるようにして、牛若丸と弁慶の争う像が立っています。繰り返しになりますが、実際にふたりが出会って一戦交えたのは、今の松原橋の辺りです。

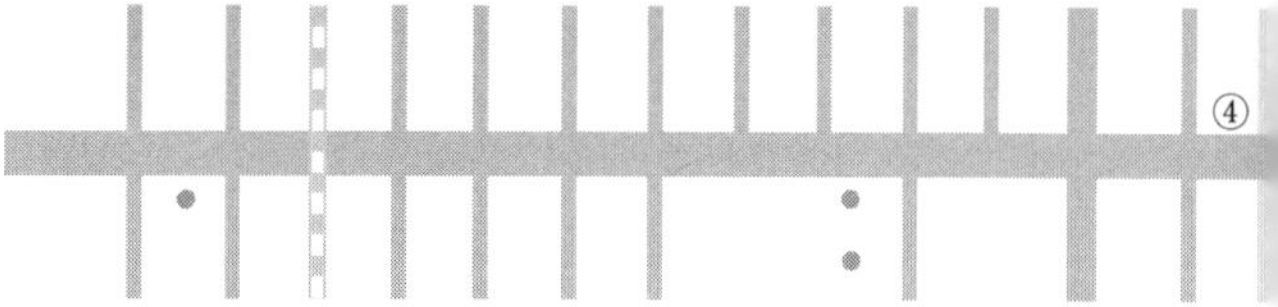

扇塚

それはさておき、橋のたもとの西北隅に扇形のオブジェがあります。

これは『扇塚』④と呼ばれていて、〈御影堂扇〉が作られていたことに由来しています。

平敦盛の未亡人が作りはじめ、ここに建っていた〈新善光寺〉、通称〈御影堂〉で、僧侶たちがそれを受け継いで作り、やがて一般人も扇を作って商うようになったと言われています。

この辺りの町名は御影堂前町と、その名残が残されていますが、五条富小路を下ったところには今もその『新善光寺』が建っています。

『泉涌寺』の境内にもまったく同じ名前のお寺が建っていますが、直接の関連はないようです。

五条近くの『新善光寺』のご本尊は信州の本家『善光寺』の阿弥陀如来さまの分身と伝えられているそうです。元々はこの阿弥陀さま、奈良県のお寺におられたそうですが、天仁二年になって、堀川松原近辺に創建された〈来迎堂新善光寺〉に祀られることになり、そののち紆余《うよ》曲折《きよくせつ》を経て、今の『新善光寺』に安置されるようになったということです。

五条富小路近辺には何軒ものお寺が軒を並べていて、さながら寺町通のようになっています。かつては寺町通がこの近くまで続いていたのかもしれませんね。

ふたつのお地蔵さま

すぐ近くに建つふたつのお寺には、地蔵信仰が今に伝わっていますので、少し足を延ばしてみましょう。

京都の街に深く根付く地蔵信仰。古くからある町内なら、必ずどこかに小さな祠があり、祀られたお地蔵さまに、通り掛かる人たちが立ち止まって手を合わせます。子どもを守るだけでなく、町内全般の守り神として崇められているのです。よだれ掛けを作り、祠の隅々まで掃除し、供え物をし、花を手《た》向ける。京都の街中にある夥《おびただ》しい数の町内で日々行なわれています。

それとは別に、お寺に安置されているお地蔵さまにもお参りします。こちらはしかし、守り神というより、願掛け。決まった願い事を聞いてくださるお地蔵さまが居ら

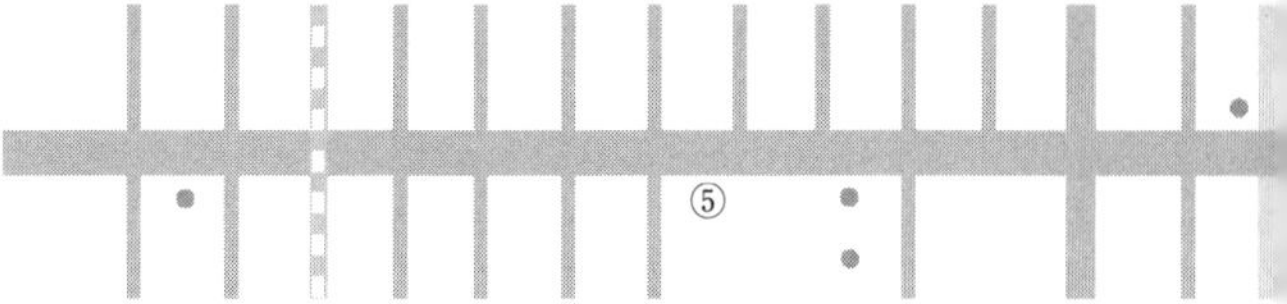

れ、そのご利益にあやかろうとするのです。

富小路通を五条通から下っていくと、左手に土塀が続き、〈よつぎ地蔵〉の看板が見えて来ます。ここが『上徳寺』⑤というお寺です。

慶長八年と言いますから、江戸に幕府が置かれてすぐのことです。徳川家康が阿茶の局《つぼね》を開基としてこのお寺を創建しました。阿茶の局と言えば、側室というより、家康の懐刀として活躍した女性として知られています。大坂夏の陣、冬の陣の際には、豊臣方と徳川方の和睦に立ち会い、高い政治力を発揮したようですから、きっと何か政治的な思惑があって創建したお寺なのでしょう。でなければ、四方八方に目を配らなければない時期に、わざわざお寺を作らせたりはしないでしょう。

その謎を解くカギがこの寺の〈よつぎ地蔵〉です。

家康は遺言で、自らの死後、阿茶の局に対して仏門に入ることを制し、世継となる息子の秀忠の後見人になるよう懇願したといいます。江戸幕府を開いた直後から、家康の最大の気がかりは世継だったのではないでしょうか。天下人になればなったで、後継ぎが気になる。人の世は大変ですね。

山門を潜って正面に見える本堂は、あの紅葉で名高い『永観堂』から移築されたものだそうで、本尊は阿弥陀如来像です。

左手に〈身代わり地蔵〉があり、更に進むと〈世継地蔵〉がおわします地蔵堂が建っていますが、ここには少し珍しい趣向の願掛けが用意されています。

お堂の壁に郵便受けのような、小さな開口部があって、その上には木札がおいてあり、〈文入れ口〉と記してあります、

―所願、所求、謝恩など文に書きしるし、心より『世継地蔵尊』を念じ、御名を三回称へたてまつりて、開口のところに奉献いたさるべし―

筆記用具と便箋が置かれていて、これに願い事を書き、開口から納めると、お地蔵さまが願いを聞いてくださるという仕組みです。

地蔵尊に一番近いところに開口部を設けてあるので、覗いてみると、先客の文が何通か見えます。

観光客が参拝するような有名寺院ではありませんから、おそらくは都人の願掛けなのでしょう。平成の今日になっても民間信仰は深く浸透しているのが京都という街なので

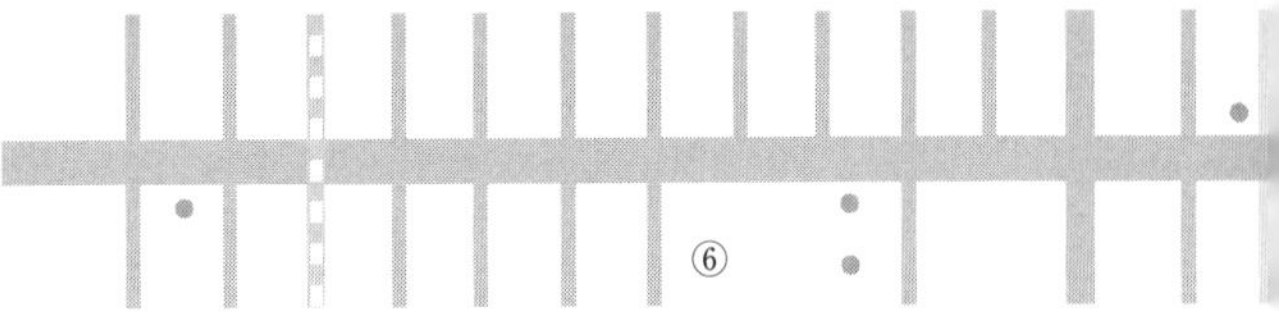

す。

『上徳寺』から富小路通を更に南に下ると、左手に『蓮光寺』⑥というお寺が見えて来ます。ここもガイドブックにはまず登場しないお寺です。

室町時代の半ば、真盛という僧侶によって開基されたお寺ですが、当初は天台宗だったのを、後に秀吉によって浄土宗に改宗されたという、曰くつきの寺でもあります。

さて、この『蓮光寺』におわします地蔵尊は〈駒止地蔵〉と呼ばれています。そしてその由来は平清盛に繋がるのです。

ここからさほど遠くないところに六条河原がありますが、そこを平清盛が馬に乗って通り掛かったときから話は始まります。

疾駆していた馬が突然立ち止まり、ぴくりとも動かなくなりました。そしてその馬がしきりに土を気にするのです。不審に思った清盛がそこを掘り返したところ、大きなお地蔵さまが出て来たといいます。

六条河原と言えば、当時は一大刑場だったことから、その供養にとお地蔵さまが祀られていたに違いありません。馬がなぜお地蔵さまに気づいたのか、そこはよく分かりませんが。

そのお地蔵さまをこのお寺に安置して、馬を止めたという謂れから〈駒止地蔵〉となったのです。

その背丈は八尺、つまりは二メートル超えです。そんな大きな地蔵さまは、弘法大師空海の作とも伝わっていて、江戸時代には日本名地蔵二十一体のひとつに数えられたともいいます。

それだけではありません。古く盗賊に襲われた篤信者の身代わりになって守り、その際首を斬られたことから〈首切り地蔵〉の異名もあるというのです。その由来から、清盛ファンだけでなく、災厄の身代わりになってもらえるようにと、願を掛ける人も参拝に訪れるようです。

京の地蔵信仰を象徴するような二体のお地蔵さまが、近くに並んで建っているのも不思議と言えば不思議なことです。是非足を運んでみましょう。

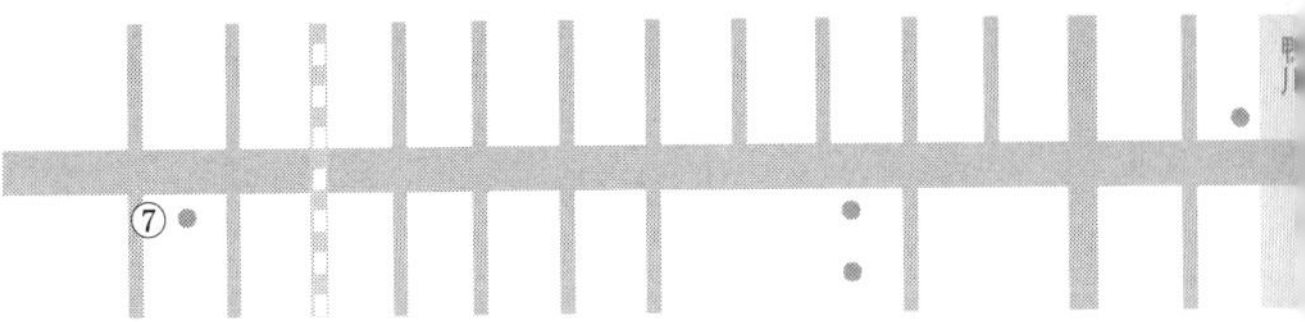

素朴な味わいのおはぎ屋さん

五条通歩きの味処を一軒ご紹介しておきましょう。

和菓子屋さん、というより、おはぎ屋さん、と言ったほうがいいでしょうね。『今西軒』⑦という小さなお店です。

何はどうあれ、こういう店を〈和スイーツ〉などと呼んではいけません。和菓子と洋菓子との間には、決して侵すべからず、結界とも言うべき境があり、それをスイーツという言葉で一括《くく》りにするのは暴挙に等しいと思っています。

烏丸五条から南西方向に少しばかり歩くと『今西軒』の軒先に掛かる〈おはぎ〉の看板が目に入ってきます。

おはぎ、もしくは、ぼたもち。前者は秋の萩を由来として、後者は春の牡丹から名が付いたと言われています。春秋のお彼岸には欠かすことのできないお菓子。本来は家庭で手造りするものでしたが、今ではそんな家はほとんどないのでしょうね。何処かしらのお菓子屋さんで買い求めることになるのですが、どうせなら美味しいほうがいい。というわけで『今西軒』へと足を運ぶことになるのです。

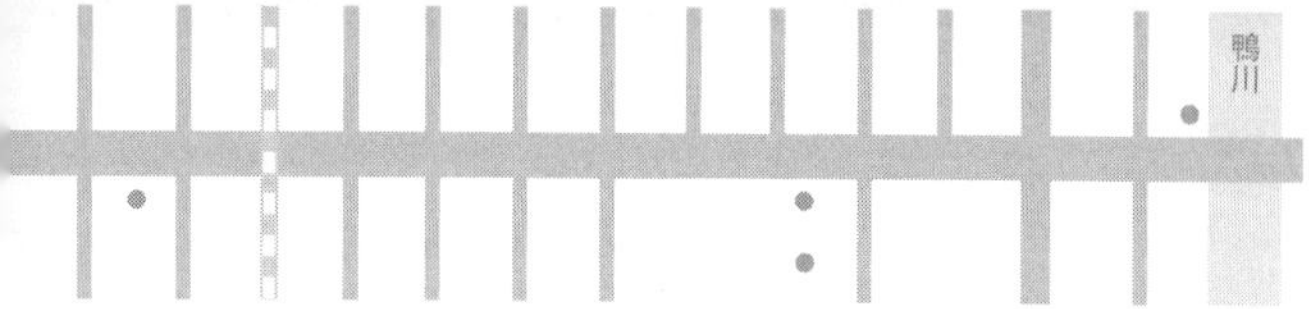

都人の間で人気を呼んでいたのが、いつしか観光客の耳にも届き、今や行列の出来る店と化してしまいました。この図式は如何《いかん》ともし難く、京都に暮らす者としては、忸怩《じくじ》たる思いがあるのですが、それはさておき、『今西軒』のおはぎ。基本的には、こし餡、つぶ餡、きな粉の三種類です。どれも一個一九〇円。量産品ではないので売り切れ御免。朝九時半の開店を待って、買い求めるのが確実です。

昔ながらの素朴な味わいで、ふたつ、みっつと、つい手が伸びてしまいます。じっくりと噛みしめれば、これをスイーツと呼んではいけない訳がきっとお分かりいただけるはずです。

五条通はここから先も続きますが、通り歩きはこの辺りでおしまいにしましょう。

番外編・正面通

丸太町通から五条通までをご紹介してきましたが、最初に書いたとおり、丸太町通より北は通りうたにも歌われていませんし、五条通から南は、通りうたにはあるものの、順序が前後したり、あるいは抜け落ちていたりして、通り歩きの参考にはなりません。

南北の通りもありますし、これ以外の通りはまた機会を改めてと思いますが、どうしても正面通だけはご紹介したいと思います。

京都の通り歩きの醍醐味を、最もよく味わえるのが正面通だからです。

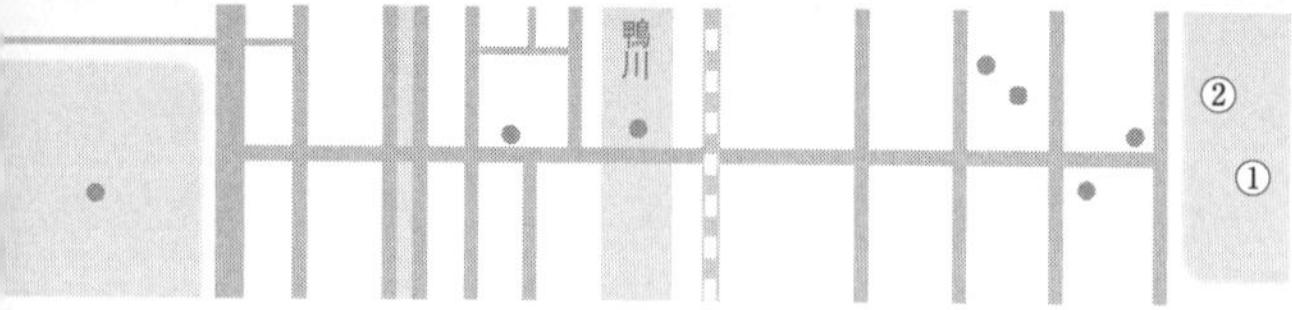

正《しょう》面《めん》通《どおり》

京都の通り名のなかで、ひときわ異彩を放っているのが正面通です。
最初に正面という言葉をおさらいしておきましょう。〈大辞泉〉という辞書によると、―正しく向き合っている方向―とあります。もしくは―まっすぐ前―とも書いてあります。では、何と正しく向き合うことから付いた通り名なのでしょうか。

京都というところは、千二百年有余の長い時を経て来た街ですが、その歴史を遡《さかのぼ》り、平安の都を思えば、当然ながら大内裏と〈正しく向き合っている方向〉となるはずですね。ところが現実の正面通は、御所とはまったく別の場所に延びているのです。

正面通は途中消滅や蛇行を繰り返しながら、西は千本通から始まり、東は或る神社の前まで続いています。その、ある神社、というのが実は正面通の由来となっているのです。それが『豊国神社[1]』。言わずと知れた豊臣秀吉公をお祀りする神社ですね。

自分を祀った神社が正面だ。亡くなったあとも秀吉は威光を放ち続けているのです。

京の大仏さま

ただ、元の姿から言えば、大仏殿を擁していた『方広寺』[2]が主たる施設だったのですから、大仏さまの正面、というのが正しいのです。奈良の大仏さまよりも大きい大仏さまが、昭和のころまで京都にあったことは、みんな忘れ去っています。

その大仏さまのかつてのお住まいは東大路通から少し入ったところにありますが、今では面影もありません。

〈大仏跡〉にはさしたる建屋も、ましてや資料館などもありません。ただの野っ原ですが、それだからこそ、かつての姿が容易に想像出来るはずです。唯一参考になる案内板を見て、そこに記された位置関係をたしかめ、広大な敷地と大仏殿を思い浮かべるしかないのです。

それほどの大仏さまがなぜ消失してしまったのでしょうか。もし今も京都の大仏さまが健在だったとしたら、どれほど多くの観光客が押し寄せていたか。想像するだけでも愉しいですね。

豊国神社

『豊国神社』へは裏からたどります。〈大仏跡〉と神社は背中合わせになっているのです。『豊国神社』の前の道路は東西、南北とも、京都には珍しいくらいに広いのです。石段を上がると石の鳥居。そしてそれを潜ると広々とした境内が続きます。石畳の参道に石灯籠が並びます。正面にそびえるのは唐門です。無防備に見えますが国宝なんです。

これは『南禅寺』の『金地院』から移築されたものだといいますが、遡れば二条城だとか、桃山城だとかの城門だとも言われます。

秀吉といえば千成瓢簞《せんなりびょうたん》。唐門の両脇にも瓢簞形の絵馬がたくさんさがっています。

京都二大イチャモン

そして『豊国神社』に隣り合って建つ寺『方広寺』、何を置いても見るべきは鐘楼です。

数段の石段を上り、志を納めてから鐘楼の中に入ってみましょう。

その四隅に置かれているのは、数奇な運命をたどった、京都大仏の遺残です。礎石を見るだけでも、いかに巨大な大仏殿だったかがわかりますね。

奈良の『東大寺』に倣って、大仏の建立を始めた秀吉ですが、地震による倒壊により、結局開眼法要を待たずに来世へと旅立ってしまいました。

父の無念を思ったのでしょうか、息子秀頼が、秀吉の遺志を継いで、再度大仏造営を試みましたが、今度は火事によって焼失してしまいました。

三度目の正直とばかり、ようやく陽の目を見た大仏造営に寄与したのは、皮肉なことに徳川家康の力でした。そしてここから、豊臣家と徳川家の遺恨が始まるのです。

鐘楼に入って見てみると、想像以上に大きな鐘です。『知恩院』や『東大寺』とともに、日本三大梵鐘《ぼんしょう》のひとつに数えられているそうです。

青銅で作られた大きな鐘をつぶさに見てみると、鐘楼の位置でいうと西側。上のほうに白くかたどられた文字が浮かんでいます。そこに刻まれた文字を読んでみましょう。

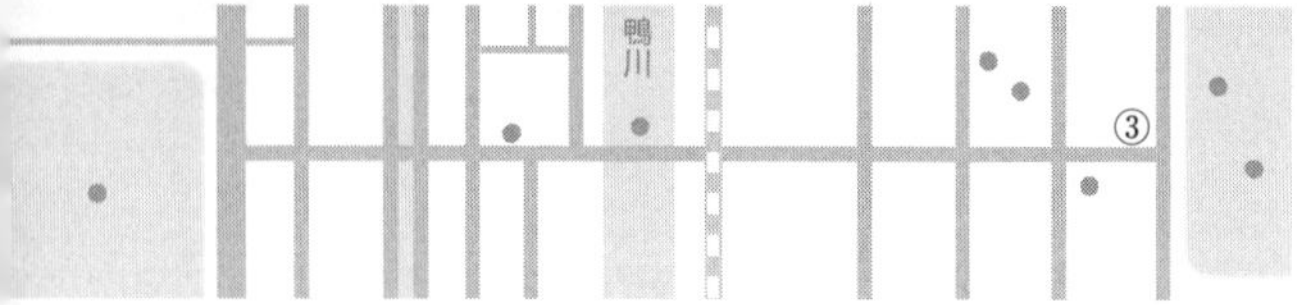

斜め左上の四文字は〈君臣豊楽〉、右下の四文字は〈国家安康〉。普通に読めばどうということのない、無難な四文字熟語ですね。ところが家康はこれに難癖を付けたのです。

『南禅寺』の禅僧が草案を作ったという文字を、

―豊臣を君主とし、家康の家と康を分断するなど、無礼千万―

と言い放ち、ここから大坂夏の陣勃発《ぼっぱつ》へと繋がっていったといいます。

これを僕は、〈京都二大イチャモン事件〉と名付けています。

もうひとつのイチャモンは利休の木像事件です。

『大徳寺』山門の上層部、『金毛閣』を完成させた千利休は、自身の木像を安置します。

と、これが秀吉の逆鱗に触れました。

―門を潜るものはすべて、利休の足の下を通ることになる。なんたる傲岸《ごうがん》不《ふ》遜《そん》―

そう言って、秀吉は利休に切腹を申し付けたのです。

二大イチャモン事件は、どちらも似たような話ですね。ときの権力者が、自分の地位を危うくするだろう者に難癖を付け、亡き者にしてしまおうとするのです。

利休にイチャモンを付けた秀吉。その豊臣家に今度は家康がイチャモンを付ける。これもまた輪廻転生といえるのでしょうか。もしくは因果応報ですかね。

感慨深くなったところで、正面通歩きを始めましょう。

鳥居を出て西を見ると、実に広大な眺めです。正面通はもちろん、南北に横切る大和大路もこの社の前だけが群を抜いて広いのです。洛内の中心地で、これほどに広がる景色はなかなか得られるものではありません。さすがに正面を名乗るだけのことはありますね。

茶壽器と烏寺

歩き始めてすぐですが、まずは門前にある名物菓子屋へ立ち寄ってみましょう。

お店の名前は『甘春堂』[3]です。市内に幾つもの店舗を持っていますが、ここは〈東店〉と呼ばれています。朝九時から店を開けていて、菓子職人さんによる和菓子作りの実演なども行なわれていて、和菓子好きには恰好のお休み処です。

季節の上生菓子もありますが、ちょっと変わった趣向の和菓子があり、お土産にする

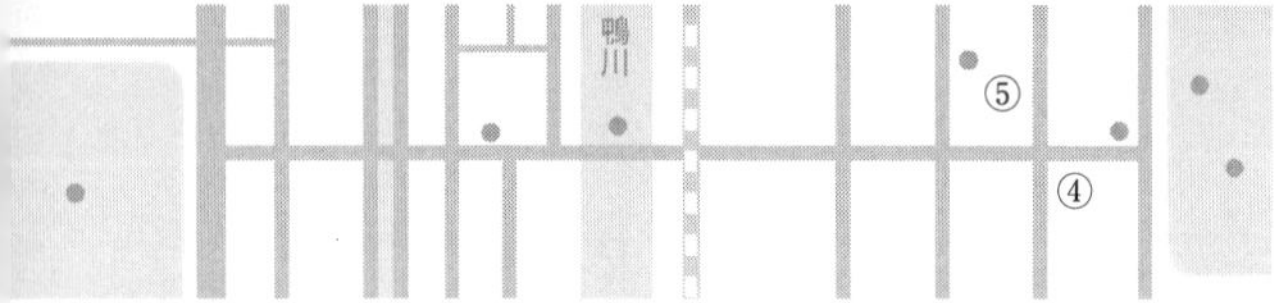

と話題になること請け合いです。

〈茶寿器《ちゃじゅのうつわ》〉といって、見たところは普通の楽焼の抹茶碗なのですが、実はこれは細工菓子です。お抹茶を飲んだ後は、パリパリと食べてしまえるという趣向です。小ぶりの煎茶茶碗もあり、こちらは〈白寿焼〉と名付けられています。なかなかよく出来ていて、たいていの方はお菓子だと気付かず、手で割ると声を上げて驚かれます。そんな反応も愉しい和菓子です。

甘くて愉しい和菓子を味わって店を出ると、すぐ向かいに、今度は苦い思いをさせられる塚があります。『耳塚④』です。

文禄・慶長の役。その負の遺産といっていいでしょう。書くだけでも、おぞましさに身震いしますので、詳しくは省きます。

気を取り直して、再び西に向かって歩く。と、程なくして右手に寺の山門が見えて来ます。ここが通称〈烏《からす》寺〉。正しく『専定《せんじょう》寺⑤』といいます。小ぢんまりとした寺は観光寺院ではありませんから、潜り戸から入ったら声を掛けておきましょう。

山号は〈熊谷山〉です。その元となった逸話が駒札に記されています。

昔、専定法師という僧が、この辺りの松の木陰で休んでいると、二羽の烏が梢に止まり、こう言ったといいます。

―今日は熊谷直実の極楽往生の日。我々もお見送りしようではないか―

はて直実は存命のはずだが。不思議に思った専定さんが後日、直実の庵《いおり》を訪ねてみると、烏が話していた、ちょうどその時に亡くなっていたといいます。不思議な縁を感じた専定さんは当地に草庵を結び、このお寺を起こしたと伝わっています。

烏と言えば、熊野権現の使いでもありますね。きっと強い霊性が僧を惹きつけたのだろうと思います。

そんな〈烏寺〉は山門の上に瓦で作った烏を載せ、境内に建つ石碑には、二羽の烏が抱き合う形を刻んでいます。

小さなお寺ですが、よく見ると他の寺ではあまり見掛けない不思議なものが幾つかあります。そのひとつがお堂の屋根の下に施された龍の彫り物です。ふつうは本山にしか許されないだろう龍が、金網越しに見えます。よほど格式の高い寺なのでしょうか。

もうひとつは、境内の片隅に祀られた小さな祠です。

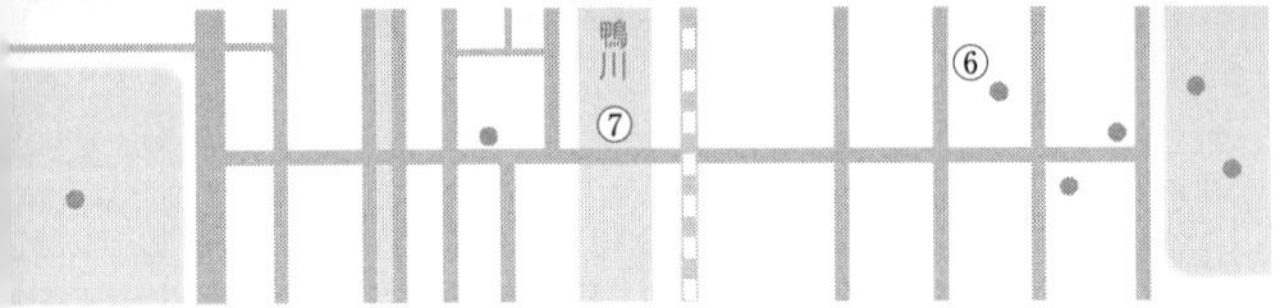

ここにはお寺なのに、〈聞か猿〉と〈言わ猿〉が祀られています。神仏混淆《こんこう》の流れによって当寺にも安置されるようになったものだといいます。いわゆる庚申信仰だと思いますが。烏と猿はケンカしないのでしょうかね。

大仏前の名前のひみつ

お寺を出て西へ歩きます。大仏さまは今はありませんが、近くの郵便局の名前にその名残を留めているのがおもしろいところです。

〈烏寺〉から西へ歩き、一筋目を北に上ったところに『大仏前郵便局』⑥があります。経緯を知らなければ、何かの間違いだろうと思うに違いありません。付近には大仏さまのお姿などまったく見当たらないからです。

京都の通りを歩いていると、こうした過去の遺跡を地名や通り名に残しているのを、よく目にします。今、目の前にあるものだけを見て、京都を歩いたとしても、ほんとうの姿は決して見えて来ません。地名や通り名にも目を向けて、イマジネーションを広げ、旧き時代に想いを馳せると一層深みを増すのが、京都通り歩きだということは、繰り返し書いているとおりです。

相当古くからあったと思われる醫院、老舗の風格を漂わせる料理屋さんなどが建ち並ぶ正面通を、ひたすら西へ向かって歩きます。

車一台通るのがやっと、という細道は、やがて鴨川に行き当たります。鴨川に斜めに架かっている橋。これが『正面橋』⑦です。渡り切って橋の畔《ふもと》を見ると、小さな梵鐘が置かれているのに気づきます。

駒札も立っていませんし、無造作に放置されているようですが、でも鎖に繋がれているところを見れば、投棄されたものではないようです。

この橋を渡り、正面通を歩けば、やがて大きな梵鐘に行き着く。そう言いたげに梵鐘が鴨川の流れを見つめているのも不思議な眺めです。

運河としての高瀬川

少し歩くと又小さな橋に出会います。今度は高瀬川です。

二条通から南に下ってすぐの〈一の船入〉から始まり、四条通北の九の船入まで続

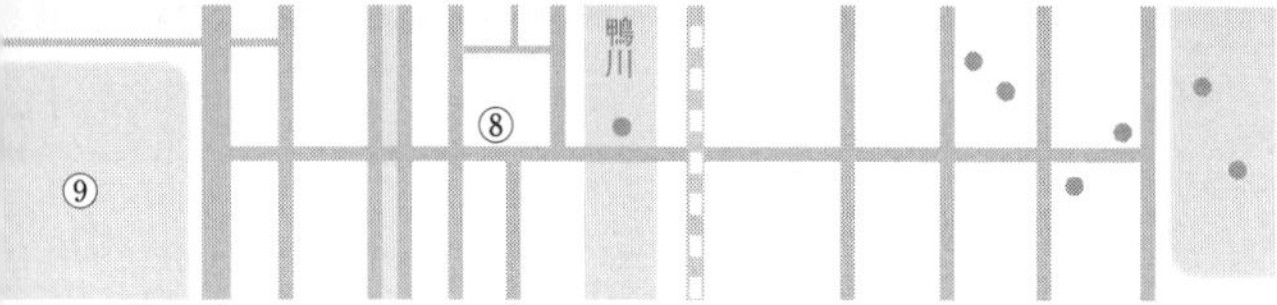

き、十条通の上流で鴨川と合流するのが高瀬川です。角倉了以と素庵親子によって開鑿《かいさく》された運河ですね。京都と伏見を結ぶ高瀬川が、物流革命を起こし、京都の産業拡大に多大な貢献をしたことはよく知られていますが、その切っ掛けが『方広寺』大仏殿再建にあったことは、存外知られていません。

京都に大仏を作る。それがどれほどの大事業だったかを、この細い流れの高瀬川が如実に物語っています。水の流れの力を借りて物を運ぶ。それによって建立されたのは大仏殿だけではありません。多くのお寺や神社が運河としての高瀬川に助けられ、本堂や社殿を維持することが出来たといいます。そして京都の産業は高瀬川という物流ラインによって、大きな発展を遂げることに繋がったのです。

その一例が[8]『山内任天堂』です。

今の人たちには〈Ｗｉｉ〉が思い浮かぶのでしょうが、僕のような世代には、一世を風靡《ふうび》した〈ファミコン〉がすぐに頭に浮かびます。コンピューターゲームの先駆者として知られる会社は、かつてこの高瀬川沿いに本社を置いていて、今もその勇姿をこの地に留めているのです。

『山内任天堂』と記された銘板が誇らしげです。モダンな洋風建築はきっと名のある建築家が手掛けたものでしょう。この建物が主役だったころには、コンピューターゲームなど影も形もなく〈任天堂〉と言えば、かるた、そしてトランプでした。

正月ともなれば、家族揃って輪になり、かるたやトランプに興じる。笑い声が絶えることはなく、しかし少しでもズルをしようものなら、子どもは厳しく叱責され、ルールやマナーを守る必要性を教えられました。

電車の中だろうと、歩きながらでも、人の迷惑を顧みることなくスマホでゲームに夢中になる若者の様子を見れば、創始者はどんな思いにかられるでしょう。玄関先に施されたモダンな意匠が、どことなく儚《はかな》げに見えてしまいます。

名園・渉成園

河原町通を渡ると正面通は築地塀に行き当たります。

この塀の向こうは、広大な敷地を持つ名勝『渉成園』⑨です。『東本願寺』⑩の飛地境内という位置付けで、周囲に枳殻《からたち》の生け垣を巡らせたことから〈枳殻《きこく》邸〉とも呼ばれています。地図を見てみると、正面通はこの『渉成園』のなかを突き抜けて、間之町通へと続いています。ということは『渉成園』散策は正面通を歩いているのも同然なのです。

入口は西側なので回り込む形になります。黒門を潜って受付へと進みましょう。他のお寺のように定められた拝観料ではなく、庭園維持のための協力金という形で納めます。下限は五〇〇円ということですが、写真集とも思えるような立派なカラーグラビアの冊子を頂けるので、五〇〇円では申し訳ないくらいです。

『東本願寺』とおなじく、徳川家と深い関わりを持ち、三代将軍徳川家光から寄進された土地を、宣如上人が隠居所として定めたことから、この『渉成園』ははじまったと言われています。

中国の詩人陶淵明《とうえんめい》〈帰去來辞〉の一節―園日渉而成趣―からその名を付けたのだそうです。

園は日に渉り、以って趣を成す。庭園は時間を掛けてこそ趣が出て来るもの。大方はそんな意味だといいますが、分かったような分からないような、少しばかり難しい話です。

広い庭は、洛北の名刹『詩仙堂』を開いた石川丈山の作庭と伝わっています、池泉回遊式庭園には幾つも見どころがありますが、その辿り方、謂れについては冊子に詳しく記してありますので、それを読みながら歩くといいですね。

受付を過ぎて、先ず目に飛び込んでくるのは正面の高石垣です。まるで城壁の一部のようですが、近付いてみると、石臼や瓦、礎石や切石など多様な石材を組み合わせて、不思議な形に積み上げられているのが分かります。

庭園の入口を通って左に〈臨池亭《りんちてい》〉、その奥に〈滴翠軒《てきすいけん》〉と名付けられた茶室が見えます。池を挟んで対岸には〈代笠席《たいりつせき》〉と呼ばれる煎茶席があります。代笠とは、人里離れた地を訪れた旅人が笠の代わりにして、雨宿りする席を言うのだそうです。なんとはなしに風情を感じますね。

小さな池から鑓水《やりみず》に沿って歩くと、意表をつく建物に出会います。それが〈傍花閣《ぼうかかく》〉。文字どおり、桜の花の傍らに建つ楼閣なのですが、持仏堂の山門という意味合いもあるようです。

見事にシンメトリーが保たれていて、モダンデザインにも見えます。再三の大火に見

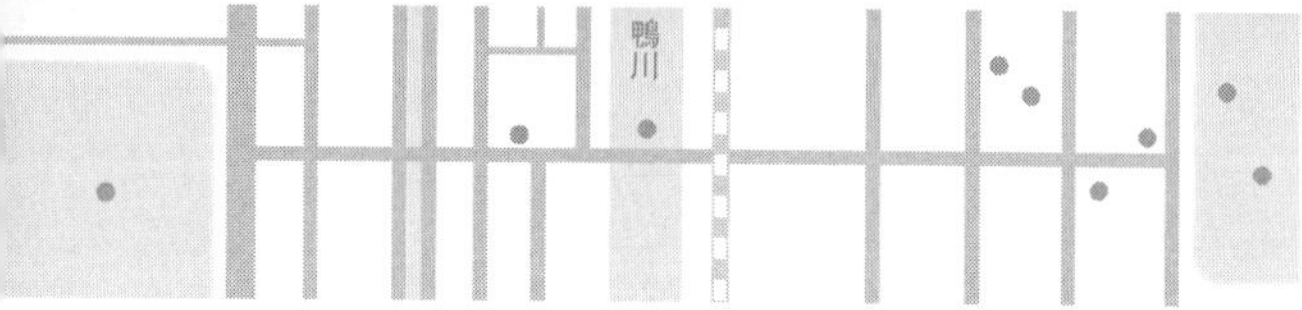

舞われた『渉成園』ですから、殆どすべての建物は明治以降に再建されたものなのですが、この〈傍花閣〉などはもっと注目されてもいいと思います。桜が咲くころにはきっと見事な景色を見せてくれることでしょう。

幾つもある建物は内部を公開していませんので、外からそっと様子を窺うことしか出来ません。

そして敷地の大半を占める大きな〈印月池《いんげつち》〉の眺めが『渉成園』のハイライトと言ってもいいでしょう。池に浮かぶ小島と、それを結ぶふたつの橋、〈回棹廊《かいとうろう》〉と〈侵雪《しんせつ》橋《きょう》〉。どちらも素晴らしい景観を作り出しています。池の名は東山から上る月影を池に映す姿から取られたといいます。夕刻には閉園となってしまいますので、叶わぬ夢なのですが、名月の夜にそんな光景を眺めてみたいものです。

ちなみにこの〈印月池〉、最近では〈印塔池〉との異名があるそうで、それは〈侵雪橋〉越しに見える京都タワーを池に映すからだといいます。誰が言い出したのかは分かりませんが、なかなかうまく名付けたものだと感心します。

この〈印月池〉には九重の石塔が建っています。源融《みなもとのとおる》ゆかりの塔で『渉成園』が築造される前から近辺にあったと伝わっています。

元々あった笠は無くなり、その代りに宝篋印塔《ほうきょう》の笠が置かれています。源融の供養塔にふさわしく、塔身には四方仏が刻まれています。

『渉成園』の界隈は、源融が営んだ〈六条河原院〉の旧蹟という説もあり、石塔だけでなく、庭園の随所に置かれた〈塩釜の手水鉢〉や〈塩釜の井筒〉がそれを象徴しています。

源融は六条河原院を作るときに、奥州塩釜の風景を模して作庭したと言われ、念の入ったことに、池の水にと海水を運ばせたとも伝わっています。

通り歩きの途上でこれほどの名園を散策できるのは正面通だけだろうと思います。

『渉成園』を出ると、すぐに正面通が西に向かって伸びています。

鴨川食堂

ここから烏丸通までは、わずかな距離ですが、ここを通ると深い感慨を覚えてしまいます。

かつてこの近くの下数珠屋町通には〈大弥《だいや》食堂〉という大衆食堂がありました。おばあさんがひとりで切り盛りしていて、朝早くから店を開けていたので、よく朝ご飯を食べに行きました。

そこで食事をしているとき頭に浮かんだイメージが〈鴨川食堂〉という小説につながったのです。残念ながらその食堂は店仕舞いしてしまいましたが、お店があった場所には〈大弥食堂跡地〉という碑が立っています。

そのお店がずっと続くだろうと思っていたので、〈鴨川食堂〉の場所はひと筋変えて正面通に設定したのです。ここを歩くと〈大弥食堂〉のざわめきが聞こえてきそうな気がしてしまいます。

テレビドラマになったからでしょうか。

―鴨川食堂はどの辺りにあるのですか―

数珠屋さんにそう訊ねる観光客の方が時折おられるそうで、そのときは〈大弥食堂跡地〉の石碑を教えてあげるそうです。

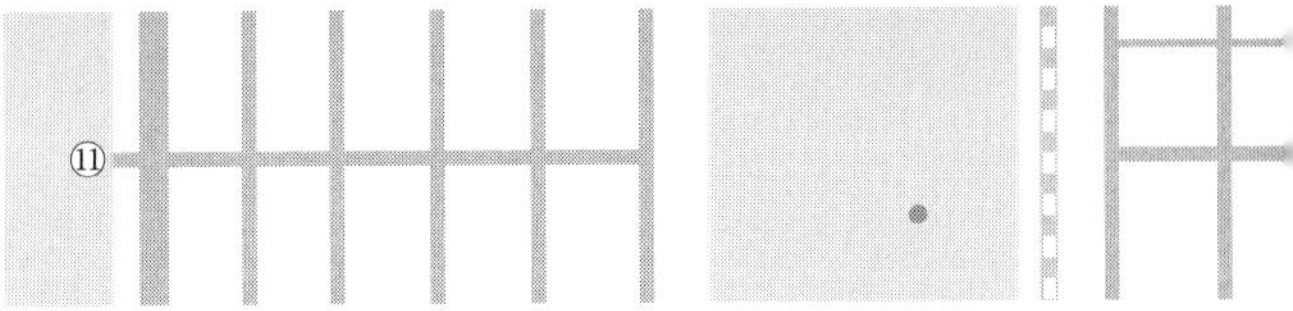

本願寺のこと

烏丸通を渡ると『東本願寺』です。

正面通はこのお寺のなかを突っ切って、更に『西本願寺』⑪のなかも横断し、西へと続いています。それもまた秀吉の威光なのでしょうか。

京都を旅していて、『東本願寺』を見たことのない人など、ひとりとして居ないでしょうね。JR京都駅と目と鼻の先ですから、いやでも目に入ってくるかと思います。

でも『西本願寺』はといえば、少しあやしくなってきますね。そもそも、信徒さん以外は、東と西の区別もあまりついていないようですし、その違いもよく分からないとおっしゃる方が少なくないようです。

ふたつの本願寺のお話をまとめてご紹介することにしましょう。

おなじ〈本願寺〉なのに、東と西のふたつに分かれています。よく考えてみれば不思議な話ですね。

なぜ東と西に分かれたかと言えば、そこには戦国武将たちの権力争いが深く関わっています。最初から喧嘩別れするような話ではなく、お寺さんは、ただ翻弄されたに過ぎ

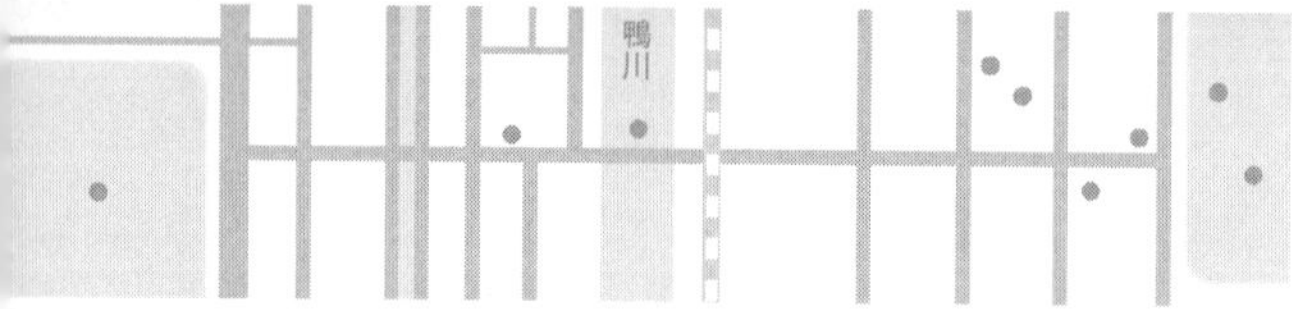

なかったのです。

そもそも〈本願寺〉は親鸞上人の入滅に端を発し、東山の大谷にその廟堂が建てられたことからはじまりました。そののち、焼失や再建、そして移転を何度も繰り返し、やがて山科から大坂へと移転したことが、東西分立の火種となったのです。

天下統一を目論む織田信長は、広大な〈本願寺〉の土地に目を付け、明け渡すように要求します。ですが、そうやすやすと手放すわけにはいきません。

かたくなに拒むお寺さんと、執拗に迫る信長との戦いは、お互いに一歩も引かないまま、十年もの長きに渡り、のちにそれは土地の名前を取って〈石山合戦〉と呼ばれることになります。

十年も経ってから、ようやく〈本願寺〉の顕如《けんにょ》というお坊さんと信長は、和睦したにはしたのですが、円満解決にはほど遠い結果となりました。

渋々といったふうに明け渡しは行なわれたものの、お寺さんの籠城派と和睦派のあいだには火種が燻《くすぶ》り続け、〈本願寺〉が京都へと移転するときに、前者が『東本願寺』を、遅れて後者が『西本願寺』を建立することになってしまったのです。

かいつまんで言えば、秀吉の意向を受け、先に建立されたのが『西本願寺』でいわば〈信長・秀吉連合派〉、後になって徳川家康の後押しで建立された『東本願寺』は〈徳川派〉という図式です。

もう少し経過をお話ししましょう。

和睦したことで一件落着になるはずだったのですが、顕如さんの長男である教如《きょうにょ》さんが反旗を翻《ひるがえ》します。

顕如さんが去った後も教如さんはお寺に残り、一時的に籠城しますが、結局は敗残してしまいます。そしてこのことが後々尾を引くことになるのです。

時は流れ、〈本願寺〉は火災により焼失してしまいます。そして秀吉によって寄進された土地に、新たな〈本願寺〉が京の都に建立されることになりました。

これが今の『西本願寺』です。ちなみに〈本願寺〉の跡に建ったのは大阪城です。たしかに広大な土地ですね。信長が執念深く土地を欲しがったのも分かるような気がします。今でも大阪の一等地ですから。

さて京都に移った〈本願寺〉です。跡継ぎは教如さんになる筈が、信長の信奉者である秀吉が難色を示し、三男の准如《じゅんにょ》さんに跡を継がせました。当然といえば当然でしょう。信長との和睦に逆らった教如さんに跡を継がせると、また何をしでかすか分かりませんからね。

しかし時代の変遷が、また新たな展開を生むことになります。

関ヶ原の戦いで勝利し、天下を取った徳川家康が教如さんに肩入れするのです。敵の敵は味方、という図式でしょうか。京都の〈本願寺〉の近くの広大な土地を教如さんに寄進して、また別の〈本願寺〉を作らせてしまうのです。

こうして最初にできた〈本願寺〉が『西本願寺』となり、あとからできた新たなお寺が『東本願寺』となったのです。

信長、秀吉、家康の三大武将によって翻弄され、本願寺は東と西に分かれてしまったまま、今に至っています。

ざっくりと、東と西の〈本願寺〉が存在する経過をお分かりいただいたところで、今のふたつの〈本願寺〉を見比べてみましょう。

いたって宗教にはうといので、仏教学的にどちらがどう、とかいうことはまったく分かりません。もしも的外れなことを書いていたらすみません。最初に謝っておきます。

あくまで見たまま、感じたままでの比較になることを最初にお断りしておきます。

ただ客観的な事実としてたしかなことがあります。それは『西本願寺』は世界文化遺産に登録されていますが、『東本願寺』はそうではない、ということです。

もちろん世界遺産でなくても見どころのある寺社はいくらでもあるのですが、ひとつの目安にはなるでしょう。

ですから、時間がなくて、ふたつの「本願寺」のどちらかひとつしか拝観する時間がない、となれば『西本願寺』というのが僕の答えです。

東本願寺

威風堂々たる〈御影堂《ごえいどう》〉の姿は、山門を潜らなくても外から充分見えます。

その威容を目の当たりにすると、なぜこれが世界文化遺産に登録されないのだろうと思われるでしょう。

その最も大きな理由は度重なる大火によって、幾度も焼失し、今の建物は指定基準を

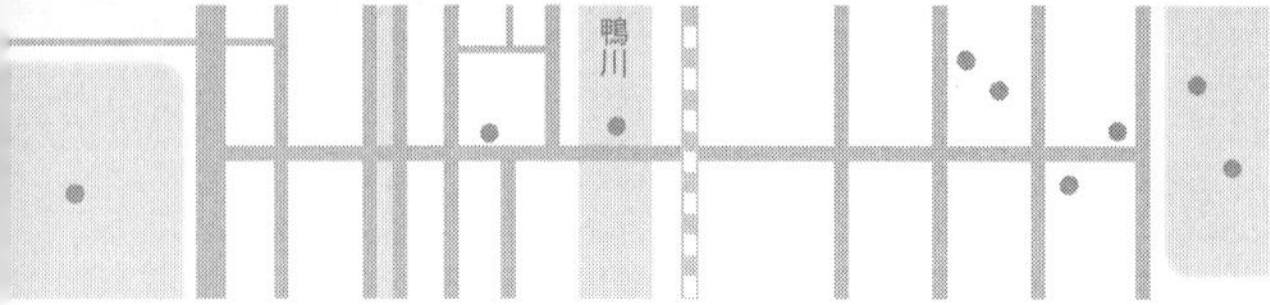

満たしていないということのようです。何しろ〈火出し本願寺〉と揶揄されたほど、何度も火災に遭っているのです。

ということはしかし、時が経てば登録される可能性も残されているのです。

それは〈御影堂〉の堂内に入って、あまりの広さに圧倒されれば実感できます。

とにもかくにも広いのです。それだけではありません。訪れた参拝客を包み込むような、そんな穏やかな空気が流れているのです。訪れた多くの人びとが畳に座り込み、呆然として周囲を見回しています。

〈御影堂〉から渡り廊下を伝って行ける〈ギャラリー〉も一見の価値がありますが、僕のお奨めは〈御影堂門〉近くにある〈お買い物広場〉です。

ここでしか買えないオリジナルグッズは必見です。

〈お東〉に掛けて〈おひがし〉と名付けられた、いくつかの和菓子はほかでは買えません。木版画を印刷した小箱に入った豆菓子〈おひがしさん〉、和三盆を使い〈御影堂〉を模った〈おひがし〉など、なかなかお洒落なネーミングとパッケージなんです。更には赤、青、黄を基調にした〈こんぺいとう〉は、和紙に包まれた筒に入っていて、食べるのが惜しまれるほど愛らしいお菓子です。どれも手頃な値段で、かつ日持ちもするので京土産には最適だろうと思います。『東本願寺』参拝の際には是非立ち寄られることをお奨めします。

西本願寺

〈御影堂門〉から入って、正面に見えるのが〈御影堂〉です。当たり前ですね。平成の大修復を終えて、その堂々たる姿を見せています。まずは手水舎で清め、京都市の天然記念物にも指定されている〈逆さイチョウ〉を眺めてから〈御影堂〉へ入りましょう。

外から見ても、堂内に入っても、その巨大な木造建築に圧倒されます。南北が六二メートル、東西は四八メートルにも及ぶという、日本最大級の木造は、奈良『東大寺』の大仏殿に次ぐ規模を誇っているそうです。広い堂内を、ただ観るだけでも時間があっという間に過ぎるのですが、廊下でつながる〈阿弥陀堂〉へ向かうといくつもの見どころがあります。

ふたつの広いお堂を結ぶように囲む廊下。実はここにも小さな見どころがあるので

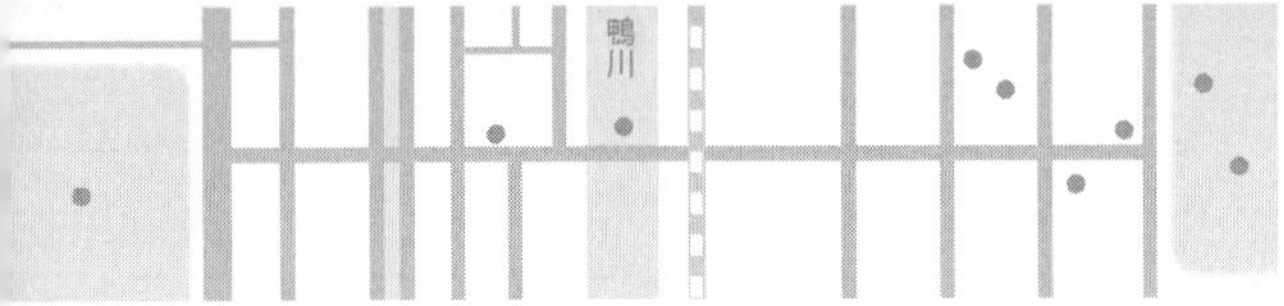

す。それは廊下を修繕する際にはめ込まれた埋め木です。

足元をよく見ると、富士山、瓢簞、梅の花、茄子などなど、大工さんの遊び心が生み出した細工が廊下のあちこちに点在していて、これを探すのが実に愉しいのです。

足元をよく見てみたいのは、〈御影堂〉前にある〈用水枡〉も同じです。

よく見ると、四隅の土台を天邪鬼《あまのじゃく》が必死で支えているのです。そのなんともユーモラスな表情は、それぞれ違っていて、ふたつの〈用水枡〉には八つの天邪鬼がいるのです。ひとつぐらいは自分に似ているかもしれませんね。

もうひとつ。『西本願寺』で忘れてはならないのは、寺の南西側にある〈唐門〉です。境内の中からでも、外の北小路通からでも、つぶさに見られるのですが、残念なことに、二〇一九年現在は修復中で、その雄姿を見られるのは二〇二三年の春になるそうです。

唐破風の門は、伏見城から移築されたもので、別名を〈日暮らし門〉といいます。日がな一日見ていても見飽きることがなく、すぐに日が暮れてしまうという意味なのだと聞きます。

正面通は『西本願寺』を通り抜けたあとも、大宮通を越えて西へと続き、やがてＪＲ山陰本線に行き当たる直前で途絶えます。さすがの秀吉も鉄路には勝てなかったのかもしれません。

おわりに

丸太町通から五条通まで。通り歩きを愉しんでいただけましたでしょうか。

僕も書きながら、改めて通り歩きの愉しみを実感しておりました。

実を言いますと、本書を企画した当初は、もっと多くの通りを執筆する予定でした。もっと北のほうから南まで、五十ほどの通り歩きを書く予定だったのが、通りの数としては大幅に減ってしまい、二十足らずの通りになりました。

なぜ減ってしまったか。本書執筆のために、あらためて実際に歩いてみると、思いがけない新たな発見があったり、分かっていたつもりだったのが、歩いた先で深掘りしてみると、意外な事実が見つかったりと、ご紹介したいことがどんどん増えていったからなのです。

京都に生まれ育って七十年近くになります。小さいころから歩くことが大好きでしたから、街の中心部は幾度となく歩いてきました。目隠しして歩いても道に迷わない自信があります——とは少々大げさかもしれませんが。

そんな僕でも、あらためて歩いてみると、これまでに気付かなかった場所やモノがあるのですから、本当に京都の街は奥深いのだなぁと驚いています。

それと同時に、少々残念ではありますが、変貌ぶりの激しい通りもありました。お寺や神社の境内に無機質な駐車場ができていたり、すぐ傍に大きなマンションが建っていて、景観を台無しにしていたり、歩いていて怒りを覚えるところさえありました。長く憧れていた古いお屋敷が取り壊され、数軒の集合住宅に変わっていたり、風情あるお店が跡形もなくなっていたり。そんな哀しい発見もありましたが、逆に街並みが美しく生まれ変わった通りもありました。人とおなじで、街も生きものなのだということも実感できました。

本書の通り歩きは東西の通りに限定しましたが、同じエリアを南北の通りに沿って歩くと、また違った視点で愉しむことができます。それは傾斜があるからです。京都は山国ですから、山に近い北の標高が高く、山の無い南の標高が低いのです。北大路通と九条通では数十メートルほどの標高差がありますから、北から南は下り坂となって歩きやすいのですが、逆はちょっと息切れしそうです。その点、東西の通りは比較的平坦なので、のんびり歩くには恰好です。どうぞゆったりとした気分で、京の東西の通り歩きを愉しんでください。

二〇一九年三月

柏井　壽

本書でご紹介したお店

店名	住所	電話番号
本家尾張屋本店	京都市中京区車屋町二条下ル	075-231-3446
はふう聖護院店	京都市左京区山王町8	075-708-8270
聖護院嵐まる	京都市左京区聖護院山王町28-58	075-761-7738
恵明	京都市中京区聚楽廻東町3-7	075-822-0339
奥村神祭具製作所	京都市中京区竹屋町通高倉西入ル堀之内町641	075-231-3570
欧風堂	京都市中京区竹屋町通烏丸西入ル	075-221-2022
一保堂	京都市中京区寺町通二条上ル	075-211-4018
豆政	京都市中京区夷川通柳馬場西入ル六丁目264	075-211-5211
おおたや	京都市中京区夷川通烏丸東入ル (京都新聞社南側)	075-251-6668
やっこ	京都市中京区夷川通室町東入ル冷泉町76	075-231-1522
広東料理鳳泉	京都市中京区河原町二条上ル清水町359	075-241-6288
柳桜園茶舗	京都市中京区二条通御幸町西入ル	075-231-3693
亀屋良永	京都市中京区寺町通御池下ル 下本能寺前町504	075-231-7850
喫茶チロル	京都市中京区門前町539-3	075-821-3031
イノダコーヒ 本店	京都市中京区堺町通三条下ル道祐町140	075-221-0507
前田珈琲本店	京都市中京区蛸薬師通烏丸西入ル 橋弁慶町236	075-255-2588
やまもと喫茶	京都市東山区白川通東大路西入ル 石橋町307-2	075-531-0109
志津屋本店	京都市右京区山ノ内五反田町10	075-803-2550
新福菜館本店	京都市下京区東塩小路向畑町569	075-371-7648
本家第一旭 たかばし本店	京都市下京区東塩小路向畑町845	075-351-6321
町家カフェ ろじうさぎ	京都市東山区下柳町176	075-551-0463
花梓侘	京都市北区上賀茂今井河原町55番地	075-722-7339
入船	京都市中京区河原町御池 (京都ホテルオークラ)	075-254-2537
京都鳩居堂	京都市中京区寺町姉小路上ル 本能寺前町520	075-231-0510
河道屋老舗	京都市中京区姉小路通御幸町西入ル	075-221-4907
彩雲堂	京都市中京区姉大東町552	075-221-2464
遊形 サロン・ド・テ	京都市中京区姉小路通麩屋町東入ル北側	075-212-8883
ギャラリー遊形	京都市中京区姉小路通麩屋町東入ル 姉大東町551	075-257-6880
八百三	京都市中京区姉小路通東洞院西入ル 車屋町270	075-221-0318

亀末廣	京都市中京区姉小路烏丸東入ル車屋町251	075-221-5110
辻留	京都市東山区三条通大橋東入ル三町目16	075-761-7619
篠田屋	京都市東山区大橋町111	075-752-0296
常盤	京都市中京区寺町三条上ル東側	075-231-4517
イノダコーヒ 三条支店	京都市中京区三条通堺町東入ル桝屋町69	075-223-0171
大垣書店 烏丸三条店	京都市中京区烏丸通三条上ル御倉町85-1	075-212-5050
ガーネッシュ	京都市中京区三条通室町西入ル衣棚町59-2	075-221-3537
更科	京都市中京区三条通油小路東入ル 塩屋町39	075-221-2776
伊藤組紐店	京都市中京区寺町六角北西角	075-221-1320
岩茶房	京都市中京区蛸薬師通東洞院東入ル 泉正寺町318シャイン蛸薬師1F	075-211-3983
アカシア	京都市中京区一蓮社町292	075-221-4537
末廣軒	京都市中京区蛸薬師通大宮東入ル畳屋町407	075-841-1048
タキノ酒店	京都市中京区錦小路通烏丸東入ル 元法然寺町691	075-221-0976
前田珈琲明倫店	京都市中京区室町通蛸薬師下ル 山伏山町546-2 京都芸術センター内1F	075-221-2224
めん房やまもと	京都市中京区新町通四条上ル東入ル 観音堂町473	075-255-0856
いづ重	京都市東山区祇園町北側292-1	075-561-0019
カトレヤ	京都市東山区祇園町北側284	075-708-8670
千ひろ	京都市東山区祇園町北側279-8	075-561-6790
鍵善良房	京都市東山区祇園町北側264番地	075-561-1818
レストラン菊水	京都市東山区四条大橋東詰祇園（南座前）	075-561-1001
東華菜館	京都市下京区四条大橋西詰	075-221-1147
林万昌堂	京都市下京区四条通寺町東入ル 御旅宮本町 3 番地	075-221-0258
京一	京都市中京区壬生坊城町 1 番地	075-842-0385
山乃家	京都市下京区足袋屋町330	075-351-7498
和食晴ル	京都市下京区神明町230-2	075-351-1881
ひご久	京都市下京区東前町402	075-353-6306
サフランサフラン	京都市下京区東洞院通仏光寺東南角 高橋町605	075-351-3292
力餅食堂	京都市東山区清水 5 丁目120	075-561-5434
名月堂	京都市東山区新宮川町通松原下ル 西御門町447-1	075-551-0456
グリル富久屋	京都市東山区宮川筋5-341	075-561-2980
宮川町さか	京都市東山区宮川筋四丁目319-1-5	075-531-1230
ますや	京都市下京区高倉通松原上ル杉屋町265	075-351-3045
七味屋本舗	京都市東山区清水 2 丁目221　清水寺参道	0120-540-738
今西軒	京都市下京区横諏訪町312	075-351-5825
甘春堂	京都市東山区上堀詰町292-2	075-561-4019

※掲載情報は2019年2月時点のものです。

PHP新書
PHP INTERFACE
https://www.php.co.jp/

柏井 壽［かしわい・ひさし］
1952年、京都市生まれ。1976年、大阪歯科大学卒業。京都市北区にて歯科医院を開業。京都関連、食関連、旅関連のエッセイを執筆。
エッセイの代表作は『おひとり京都の愉しみ』（光文社新書）、『京都の定番』（幻冬舎新書）、『京都しあわせ食堂』（PHP研究所）。2008年からは小説も執筆。食をテーマにした小説『鴨川食堂』（小学館）、『祇園白川 小堀商店』（新潮社）、京都をテーマにした小説『京都下鴨なぞとき写真帖』（PHP学芸文庫）を、それぞれシリーズ刊行中。小学館主催の「日本おいしい小説大賞」の選考委員も務める。

京都の通りを歩いて愉しむ

〈通《つう》〉が愛する美味・路地・古刹まで

（PHP新書 1182）

二〇一九年三月二十九日　第一版第一刷

著者――柏井 壽
発行者――後藤淳一
発行所――株式会社PHP研究所
東京本部――〒135-8137 江東区豊洲5-6-52
第一制作部PHP新書課 ☎03-3520-9615（編集）
普及部 ☎03-3520-9630（販売）
京都本部――〒601-8411 京都市南区西九条北ノ内町11
組版――有限会社エヴリ・シンク
装幀者――芦澤泰偉＋児崎雅淑
印刷所
製本所――図書印刷株式会社

ISBN978-4-569-84258-5

ＰＨＰ新書刊行にあたって

「繁栄を通じて平和と幸福を」(PEACE and HAPPINESS through PROSPERITY)の願いのもと、ＰＨＰ研究所が創設されて今年で五十周年を迎えます。その歩みは、日本人が先の戦争を乗り越え、並々ならぬ努力を続けて、今日の繁栄を築き上げてきた軌跡に重なります。

しかし、平和で豊かな生活を手にした現在、多くの日本人は、自分が何のために生きているのか、どのように生きていきたいのかを、見失いつつあるように思われます。そして、その間にも、日本国内や世界のみならず地球規模での大きな変化が日々生起し、解決すべき問題となって私たちのもとに押し寄せてきます。

このような時代に人生の確かな価値を見出し、生きる喜びに満ちあふれた社会を実現するために、いま何が求められているのでしょうか。それは、先達が培ってきた知恵を紡ぎ直すこと、その上で自分たち一人一人がおかれた現実と進むべき未来について丹念に考えていくこと以外にはありません。

その営みは、単なる知識に終わらない深い思索へ、そしてよく生きるための哲学への旅でもあります。弊所が創設五十周年を迎えましたのを機に、ＰＨＰ新書を創刊し、この新たな旅を読者と共に歩んでいきたいと思っています。多くの読者の共感と支援を心よりお願いいたします。

一九九六年十月

ＰＨＰ研究所

PHP新書

966 オーシャントラウトと塩昆布　和久田哲也
1017 人生という作文　下重暁子
1055 なぜ世界の隅々で日本人がこんなに感謝されているのか　布施克彦／大賀敏子
1067 実践・快老生活　渡部昇一
1112 95歳まで生きるのは幸せですか?　池上 彰／瀬戸内寂聴
1132 半分生きて、半分死んでいる　養老孟司
1134 逃げる力　百田尚樹
1147 会社人生、五十路の壁　江上 剛
1148 なにもできない夫が、妻を亡くしたら　野村克也
1158 プロ弁護士の「勝つ技法」　矢部正秋

［宗教］

123 お葬式をどうするか　ひろさちや
300 梅原猛の『歎異抄』入門　梅原 猛
849 禅が教える 人生の答え　枡野俊明
868 あなたのお墓は誰が守るのか　枡野俊明
955 どうせ死ぬのになぜ生きるのか　名越康文

［歴史］

061 なぜ国家は衰亡するのか　中西輝政
286 歴史学ってなんだ?　小田中直樹
505 旧皇族が語る天皇の日本史　竹田恒泰
591 対論・異色昭和史　鶴見俊輔／上坂冬子
663 日本人として知っておきたい近代史［明治篇］　中西輝政
734 謎解き「張作霖爆殺事件」　加藤康男
738 アメリカが畏怖した日本　渡部昇一
748 詳説〈統帥綱領〉　柘植久慶
755 日本人はなぜ日本のことを知らないのか　竹田恒泰
761 真田三代　平山 優
776 はじめてのノモンハン事件　森山康平
784 日本古代史を科学する　中田 力
791 『古事記』と壬申の乱　関 裕二
848 院政とは何だったか　岡野友彦
865 徳川某重大事件　徳川宗英
903 アジアを救った近代日本史講義　渡辺利夫
922 木材・石炭・シェールガス　石井 彰
943 科学者が読み解く日本建国史　中田 力
968 古代史の謎は「海路」で解ける　長野正孝
1001 日中関係史　岡本隆司
1012 古代史の謎は「鉄」で解ける　長野正孝
1015 徳川がみた「真田丸の真相」　徳川宗英
1028 歴史の謎は透視技術「ミュオグラフィ」で解ける

田中宏幸／大城道則
1037 なぜ二宮尊徳に学ぶ人は成功するのか　松沢成文
1057 なぜ会津は希代の雄藩になったか　中村彰彦
1061 江戸はスゴイ　堀口茉純
1064 真田信之 父の知略に勝《まさ》った決断力　平山 優
1071 国際法で読み解く世界史の真実　倉山 満
1074 龍馬の「八策」　松浦光修
1075 誰が天照大神を女神に変えたのか　武光 誠
1077 三笠宮と東條英機暗殺計画　加藤康男
1085 新渡戸稲造はなぜ『武士道』を書いたのか　草原克豪
1086 日本にしかない「商いの心」の謎を解く　呉 善花
1096 名刀に挑む　松田次泰
1097 戦国武将の病《やまい》が歴史を動かした　若林利光
1104 一九四五　占守島の真実　相原秀起
1107 ついに「愛国心」のタブーから解き放たれる日本人　ケント・ギルバート
1108 コミンテルンの謀略と日本の敗戦　江崎道朗
1111 北条氏康 関東に王道楽土を築いた男　伊東 潤／板嶋常明
1115 古代の技術を知れば、『日本書紀』の謎が解ける　長野正孝
1116 国際法で読み解く戦後史の真実　倉山 満
1118 歴史の勉強法　山本博文
1121 明治維新で変わらなかった日本の核心　猪瀬直樹／磯田道史
1123 天皇は本当にただの象徴に堕ちたのか　竹田恒泰
1129 物流は世界史をどう変えたのか　玉木俊明
1130 なぜ日本だけが中国の呪縛から逃れられたのか　石 平
1138 吉原はスゴイ　堀口茉純
1141 福沢諭吉　しなやかな日本精神　小浜逸郎
1142 卑弥呼以前の倭国五〇〇年　大平 裕
1152 日本占領と「敗戦革命」の危機　江崎道朗
1160 明治天皇の世界史　倉山 満
1167 吉田松陰『孫子評註』を読む　森田吉彦
1168 特攻　知られざる内幕　戸高一成［編］
1176 「縄文」の新常識を知れば 日本の謎が解ける　関 裕二
1177 「親日派」朝鮮人　消された歴史　拳骨拓史

［**経済・経営**］
187 働くひとのためのキャリア・デザイン　金井壽宏
379 なぜトヨタは人を育てるのがうまいのか　若松義人
450 トヨタの上司は現場で何を伝えているのか　若松義人
543 ハイエク 知識社会の自由主義　池田信夫
587 微分・積分を知らずに経営を語るな　内山 力